REAL 영어
하나하나 알기 쉽게
동사

집필 협력   Morita Osamu Malcolm · Hendricks(AtoZ Ltd.)
원서 디자인   ELENA Lab.
원서 편집   EDIPOCH

NATIVE WA KOU TSUKAU! MANGA DE WAKARU DOUSHI
ⓒ David Thayne 2014
Originally published in Japan in 2014 by SEITO-SHA CO., LTD., TOKYO,
Korean translation rights arranged with SEITO-SHA CO., LTD., TOKYO,
through TOHAN CORPORATION, TOKYO, and SHINWON AGENCY CO. SEOUL.

이 책의 한국어판 저작권은 신원 에이전시를 통해 주식회사 세이토샤와 독점 계약한 주식회사 꿈결에 있습니다. 저작권법에 의해 한국 내에서 보호를 받는 저작물이므로 무단 전재와 복제를 금합니다.

네이티브
+
만화
+
직관적
이미지

Real 영어

하나하나 알기 쉽게

동사

데이비드 세인(David Thayne) 지음

coming

take

answer

들어가며

우리는 영어를 쓸 때 필요 이상으로 어려운 표현을 사용합니다. 분위기와 상관없이 격식 차린 어려운 말이 튀어나오기도 하고, 단어를 달달 외운 후에 자신감 있게 시도해 보기도 합니다. 하지만 원어민이 일상에서 쓰는 말은 우리 생각보다 훨씬 단순합니다. 몇 가지 주된 표현을 응용하는 것이 훨씬 효율적이니까요. 그 일상적인 기본 단어를 확실하게 익히는 것이 현지 영어를 마스터하는 지름길이랍니다.

우리는 '동사'의 구분을 어려워하는데요. 비슷한 의미의 동사들을 두 개 이상 놓고 봤을 때 갈팡질팡 헷갈리곤 합니다. 배운 내용에 충실했는데 왜 그럴까요? 바로 번역된 모국어 설명에만 의존했기 때문입니다. 이것은 미묘하게 다른 동사들을 한두 가지 한국어 표현으로 비슷하게 번역한 것에 불과합니다. 그래서 한번 암기하고 나면 다양한 응용이 필요할 때 직관적으로 의미를 떠올리기 쉽지 않습니다. 처음부터 '기본 이미지'를 바탕으로 원어민의 방식으로 떠올리는 것이 중요합니다.

이 책에서는 기본 이미지와 함께 가장 기본적인 동사들의 차이를 설명합니다. 그다음 원어민들이 가장 많이 쓰는 꼭 알아야 할 동사들을 구분합니다. 마지막으로 may와 can처럼 의미가 유사해서 틀리기 쉬운 조동사에 대해서도 알아봅니다.

늘 영어 앞에서 실수투성이인 수현과 수아 그리고 시끌벅적 친구들과 함께 공부한다면 즐겁게 학습하는 과정에서 동사를 구분하는 실력이 자연스럽게 오를 것입니다. 흥미를 놓지 마세요!

데이비드 세인

등장인물 소개

김 씨 패밀리

김수현
가족과 함께 사는 회사원. 마이크와의 인연을 계기로 영어 공부에 힘을 쏟고 있다.

마이클(마이크)
수현의 집에서 홈스테이를 하는 미국인. 히어로물을 좋아하며 천방지축 행동파이다.

김수아
수현의 여동생. 미국 유학을 꿈꾸는 대학생이며 공부와 동아리 활동으로 바쁘다.

회사

박영달
수현과 캐서린의 동료. 경주 출신으로 활발하고 영어를 잘한다.

캐서린(케이트)
수현과 함께 일하는 영국인. 일을 잘하며 상냥한 성격이다.

대학교

존
대학에서 유학 중인 영국인. 수아와 같은 동아리에 있으며 여학생들에게 인기가 많다.

차례

이 책의 사용법	10
그림으로 이해하는 동사	12

PART 1 기본 동사

Lesson 1	come / go 다녀오겠습니다~!	28
Lesson 2	bring / take 미국에서 선물 사 왔어!	32
Lesson 3	eat / have 점심 누구랑 먹어?	36
Lesson 4	catch / get 신문을 잡아라!?	40
Lesson 5	send / take 치과에 데려다줄게	44
Lesson 6	have / hold 주려던 게 아닌데…	48
Lesson 7	take / ride 택시 위에 올라탄다고!?	52
Lesson 8	put / lay 그렇게 놓지 말란 말이야!	56
Lesson 9	become / get 나도 유명해지고 싶다	60
Lesson 10	keep / leave 열어 놓으라고!	64

원어민이 쓴다! 기본 동사를 활용한 일상 회화 ········ 68

PART 2 자주 쓰는 동사

Lesson 1	watch / see 같이 영화 보자!	70
Lesson 2	look at / see 뭐가 보인다는 거야?	74
Lesson 3	meet / see 처음 보는 거 아닌데…	78
Lesson 4	tell / say 재미있는 얘기 좀 해 봐!	82
Lesson 5	talk / speak 우리도 말하게 해 주세요~!	86
Lesson 6	hear / listen to 안 들립니다!	90
Lesson 7	think / feel 너는 어떻게 생각해?	94
Lesson 8	know / understand 나는 잘 모르겠어…	98
Lesson 9	study / learn 영어를 정복했다고!?	102
Lesson 10	teach / tell 일요일에는 한가합니다	106
Lesson 11	put on / wear 이런 곳에서 옷을 갈아입어!?	110
Lesson 12	finish / end 오늘은 여기서 끝내자…	114
Lesson 13	get up / wake up 일어나긴 했는데…	118
Lesson 14	smile / laugh 나한테 미소 지었어!	122
Lesson 15	borrow / rent 자전거 빌려도 돼?	126
Lesson 16	make / have 쟤가 방 청소를 시켰어…	130
Lesson 17	get / have 헤어컷 누구한테 받았어?	134

원어민이 쓴다! 자주 쓰는 동사를 활용한 일상 회화 ① ········ 138

PART 3　자주 쓰는 동사

Lesson 1	paint / draw 그렇게 멋지게 그려 주지 않아도…	140
Lesson 2	choose / select 그냥 적당한 거 고르자	144
Lesson 3	save / help 구원해 줘서 고마워!	148
Lesson 4	answer / reply 답변이 없네…	152
Lesson 5	shut / close 입을 닫아!	156
Lesson 6	turn / spin 나사 돌리면서 놀지 마!	160
Lesson 7	gather / collect 사진 모아서 뭐 할 건데?	164
Lesson 8	mind / care 아무래도 상관없어…	168
Lesson 9	cry / shout 그렇게 큰 소리 내지 마!	172
Lesson 10	find / discover 엄마를 찾을 수가 없어…	176
Lesson 11	forgive / allow 자는 건 용납할 수 없습니다	180
Lesson 12	suspect / doubt 진짜로 아픈 거 맞아?	184

원어민이 쓴다! 자주 쓰는 동사를 활용한 일상 회화 ②　………　188

PART 4 조동사

Lesson 1	**be going to / will** 나도 갈 거야!	190
Lesson 2	**can / be able to** '아니'라고는 못 하겠어	194
Lesson 3	**may / can** 들어와도 됩니다	198
Lesson 4	**should / must** 증거가 있으니 틀림없어!	202
Lesson 5	**need to / should** 알고는 있는데 멈출 수 없어	206
Lesson 6	**have to / need to** 꼭 가야만 하나요?	210
Lesson 7	**should / had better** 다른 일을 찾는 게 나으려나…	214
Lesson 8	**would / used to** 예전엔 허구한 날 실수했지만 지금은 달라!	218

동사로 찾는 색인 ········ 222

이 책의 사용법

이 책은 원어민이 어떤 감각을 통해 동사를 사용하는지 만화로 즐겁게 학습하도록 구성했습니다.

만화로 즐겁게 공부하자
먼저 만화를 통해 동사의 의미 차이 등을 재미있게 접합니다.

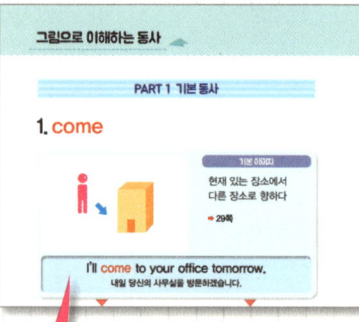

그다음 구체적인 표현을 확인하자
각 Lesson에서 소개하는 동사들의 용법 차이 및 기본 이미지를 설명합니다.

'그림으로 이해하는 동사'와 연계!

I'm coming.

지금 (그쪽으로) 갑니다.

come은 '현재 있는 장소에서 다른 장소로 향한다'는 기본 이미지를 갖고 있습니다. '화제의 중심이 되는 곳을 향해 나아가는' 상황에서 사용합니다. 또 Come to my house '우리 집에 놀러 와'처럼 '화자(가 있는 곳)를 향해 가는' 경우에는 '가다'가 아니라 '오다'라고 번역합니다.

동사의 기본 이미지를 그림으로 이해하자
기본 이미지를 확인하여 동사의 차이를 쉽게 연상할 수 있습니다.

I'm going.

다녀오겠습니다.

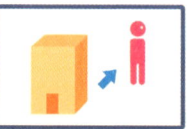

come / go 구분하기

come home
go home
집에 돌아가다

A I came home from my office at 10:00.
B I went home from my office at 10:00.

언뜻 봐서는 두 문장 모두 '집에 돌아가다'라는 동일한 의미로 보이지만 시점의 차이에 주의해야 합니다.
come은 '현재 있는 장소에서 다른 장소로 향하다', go는 '현재 있는 장소에서 다른 장소로 멀어지다'가 기본 이미지입니다. A 는 '사무실에서 나와서 10시에 집에 도착했다(사무실을 나온 시간은 알 수 없음)', B 는 '10시에 사무실을 나와서 집으로 향했다(집에 도착한 시간은 알 수 없음)'는 의미입니다. A 는 '언제 도착했는지', B 는 '언제 출발했는지'에 각각 초점을 맞추고 있습니다.

• come home
10:00 도착

• go home
10:00 출발

표현을 한 단계 발전시키자

'조금 더 이해하기'에서는 동사를 사용한 다양한 표현들을 설명합니다.

그림으로 더욱 알기 쉽게!
본문과 관련된 그림을 통해 보다 쉽게 이해할 수 있습니다.

go 를 사용한 표현

be gone
사라지다

go는 '현재 있는 장소에서 다른 장소로 멀어지는 모습'으로 go의 과거분사형인 gone을 사용하면 '다른 장소로 가 버렸다 ➡ (주어가) 사라졌다'의 의미가 됩니다.
My headache is gone은 '두통이 다른 장소로 가 버렸다 ➡ 두통이 나았다'는 뜻입니다.

"You come here and kiss your mother before you go."
"나가기 전에 이리 와서 엄마에게 키스해 주렴."

아침 식사를 하다 말고 출근하려는 아들 데이브(주인공 마티의 형)에게 어머니 로레인이 하는 말입니다. 기본 이미지대로 '현재 있는 장소에서 자신이 있는 장소로 오다'는 come, '집에서 떨어져 밖으로 나가다(외출하다)'는 go로 표현하고 있습니다.

▶ 영화 〈백 투 더 퓨처〉(1985)

즐거운 학습을 돕는 읽기 자료는 덤!
앞에 나온 동사를 재미있게 풀어낸 읽기 자료를 실었습니다.

노랫말 및 영화 대사 소개

현지에서 쓰는 간단한 표현 소개

퀴즈를 통한 내용 복습

그림으로 이해하는 동사

PART 1 기본 동사

1. come

기본 이미지

현재 있는 장소에서 다른 장소로 향하다

➡ 29쪽

I'll come to your office tomorrow.
내일 당신의 사무실을 방문하겠습니다.

파생 이미지

계절, 시기 등이 찾아오다

Spring has come.
봄이 왔다.

파생 이미지

~라는 형태로 제공되다

This dictionary comes in three volumes.
이 사전은 총 3권짜리입니다.

본문에 나오는 동사들이 가진 본래의 이미지를 한곳에 모았습니다.
기본 이미지를 이해하면 동사의 쓰임새를 보다 잘 구분할 수 있습니다.

2. go

기본 이미지

현재 있는 장소에서 다른 장소로 멀어지다

➡ 29쪽

I've got to go.
이제 가야 해.

파생 이미지

다른 상태가 되다 / 변화하다

The milk went bad.
우유가 상했다.

파생 이미지

행사 등이 진행되다

How is the project going?
프로젝트 진행 상황은 어때?

3. bring

5. get

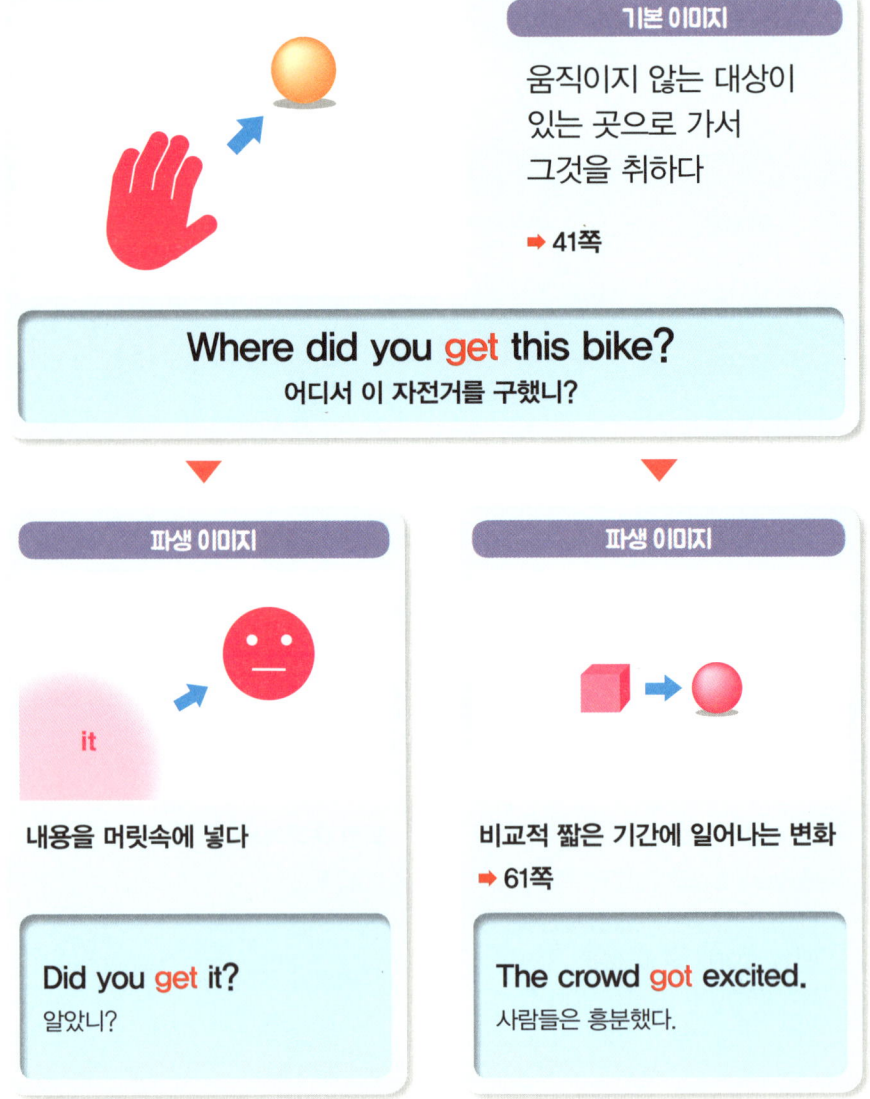

6. have

기본 이미지

자유롭게 사용할 수 있는 상태에 있다 / 소유하고 있다

➡ 49쪽

I **have** a driver's license.
나는 운전면허를 가지고 있습니다.

파생 이미지

안에 무언가를 가지고 있다 / 붙어 있다

She **has** beautiful eyes.
그녀는 아름다운 눈을 갖고 있다.

파생 이미지

식사 시간을 가지다 ➡ 37쪽

I **had** dinner with my friends.
친구들과 저녁 식사를 했다.

7. hold

기본 이미지

손으로 (확실하게) 붙잡다

➡ 49쪽

He **held** his son's hand gently.
그는 아들의 손을 부드럽게 잡았다.

파생 이미지

상태를 붙잡아 두다 ➡ 상태를 유지하다

He **held** the door open for her.
그는 그녀를 위해서 문을 손으로 잡은 채 열어 두었다.

파생 이미지

수용하다

This meeting room can **hold** 80 people.
이 회의실은 80명을 수용할 수 있습니다.

8. put

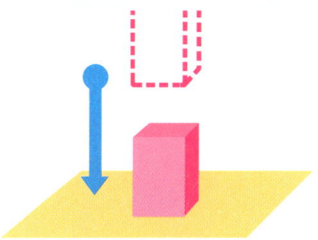

기본 이미지

손으로 어떤 장소에서 다른 장소로 이동시켜 놓다

➡ 57쪽

Please put the vase by the window.
꽃병을 창가에 놓아 줘.

파생 이미지

추상적인 무언가를 놓다

They put pressure on her to resign.
그들은 그녀에게 압력을 가해서 사임하게 했다.

파생 이미지

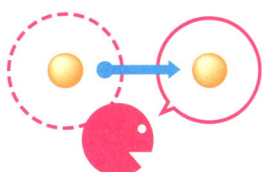

머릿속의 생각을 말의 형태로 놓다

Let's put it this way.
이런 식으로 생각해 보자.

9. become

그림으로 이해하는 동사

10. keep

기본 이미지

화자가 의도적으로
~라는 상태로 유지하다

➡ 65쪽

Always **keep** the bathroom clean.
화장실은 항상 청결하게 유지합시다.

파생 이미지

돌려줘야 할 것을 돌려주지 않고
가지고 있다

Keep the change.
거스름돈은 가지세요.

파생 이미지

살아 있는 것을 기르다

They **keep** several pigs
in the barn.
그들은 헛간에서 돼지를 기르고
있습니다.

PART 2 자주 쓰는 동사

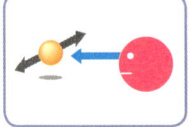
watch
(움직임이 있는 것을) 계속 바라보다

see
(자연스럽게) 눈에 들어오다

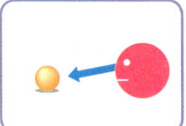
look at
정지된 것을 순간적, 의식적으로 보다

see
(자연스럽게) 눈에 들어오다

meet
서로 특정 장소로 이동해서 만나다

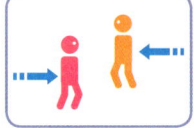
see
(자연스럽게) 눈에 들어오다 ➡ (상대방의 모습이) 눈에 들어오다

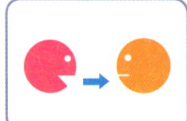
tell
누군가에게 (단순한) 정보를 전하다

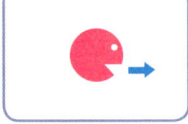
say
단순히 무언가를 말하다

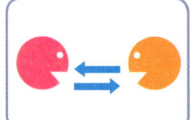
talk
누군가와 대화하다

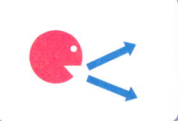
speak
입을 열어 말하다

hear
(소리가) 귀에 들어오다

listen to
(들어야 할 내용에) 귀를 기울이다

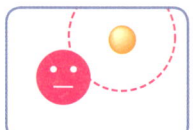
think
머리로 생각하다

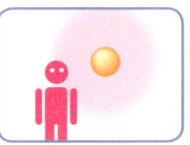
feel
머리보다 마음으로 느끼다

그림으로 이해하는 동사

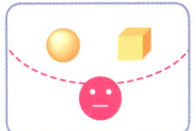
know
정보나 사실을
갖고 있는 상태

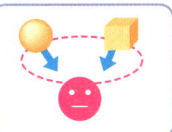
understand
머릿속에 정보나 사실
등이 들어오는 동작

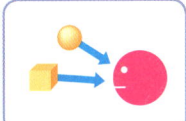
study
공부라는 행위를
실제로 하다

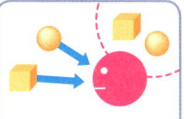
learn
무언가를 익히다

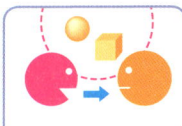
teach
전문적인 지식을
가르치다

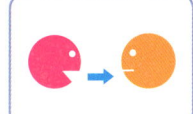
tell
누군가에게 (단순한)
정보를 전달하다

put on
(옷 등과) 접촉한
상태에 있다
➡ 몸에 걸치다

wear
(옷 등을) 몸에 걸치고
있는 상태

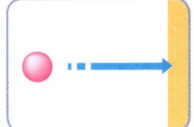
finish
마지막까지 완벽하게
끝내다

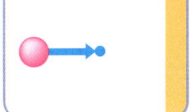
end
의도와 달리 도중에
끝내다

get up
침대에서 나와서 하루의
활동을 시작하다

wake up
수면을 마치고
잠에서 깨다

smile
방긋 하고 미소 짓다

laugh
소리를 내서 웃다

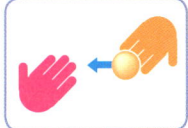
borrow
돈을 내지 않고 무료로
빌리다

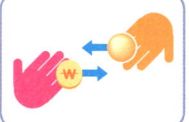
rent
돈을 내고 빌리다

 **make**
다짜고짜
시키다

 **have**
~하는 상황으로 만들다

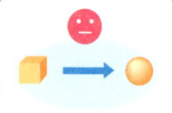 **get**
~를 …라는 상태로
만들다

 **have**
~에게 …받다

PART 3 자주 쓰는 동사

 **paint**
물감을 종이 등에
칠하다

 **draw**
선을 긋다

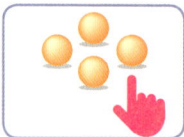 **choose**
자신의 선호나 감으로
괜찮은 것을 고르다

 **select**
다수의 선택지에서 객관
적 시각으로 고르다

 **save**
소중한 것을 지키거나
궁지에 빠진 상대방을
구하다

 **help**
곤경에 처한 사람에게 손
을 내밀다

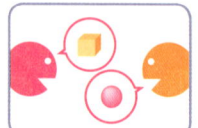 **answer**
질문이나 요구 등 상대방
의 행위에 응하다

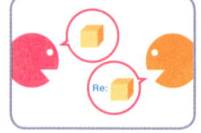 **reply**
단순히 대답하다

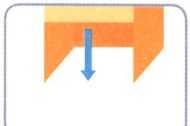 **shut**
빠르게 닫다

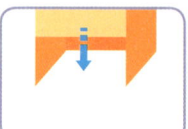 **close**
조용하고 완전하게
닫다

그림으로 이해하는 동사

turn
원을 그리다 / 회전하다

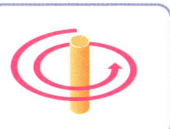
spin
빙글빙글 계속해서
빠르게 돌리다

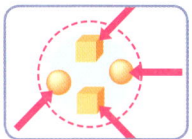
gather
흩어진 물건을
긁어모으다

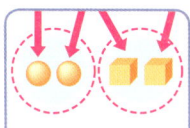
collect
어떤 목적으로 취사선택
하여 모아 두다

mind
마음에 거슬리다

care
마음에 두다

cry
여러 감정으로 인해
외치다

shout
큰 목소리로 외치다

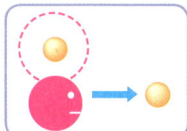
find
찾고 있던 대상을
찾아내다

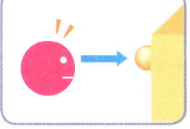
discover
숨겨진, 혹은 미지의
것을 발견하다

forgive
죄나 잘못 등을
용서하다

allow
~가 …하는 것을
허용하다

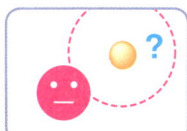
suspect
그러지 않을까 하고
생각하다

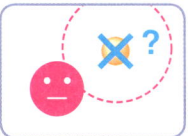
doubt
그렇지 않을 것이라고 생
각하다

PART 4 조동사

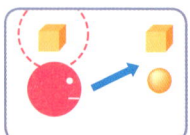
be going to
~하는 것을 전부터 정해 두다

will
~하는 것을 즉석에서 정하다

can
~하는 능력이 있으므로 하면 된다

be able to
능력을 실현할 수 있다

may
윗사람이 아랫사람에게 허가를 내리다

can
대등한 입장에서 허가해 주다

should
~일 것이다

must
당연히 그럴 것이다

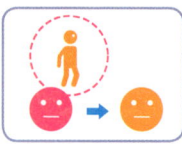
need to
(객관적인 이유에서)
~할 필요가 있다

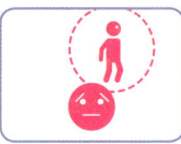
should
~할 필요는 있지만…

have to
싫지만
~해야만 한다

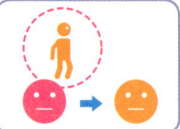
need to
(객관적인 이유에서)
~할 필요가 있다

should
~하는 것이 좋다

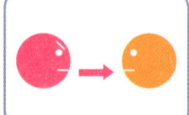
had better
~하는 것이 좋다,
그렇지 않으면…

would
예전에는 ~하곤 했다

used to
예전에는 ~했지만 지금은 다르다

기본 동사

PART 1에서는 come과 go, bring과 take 등 원어민이 자주 쓰는 '기본 동사'의 구분에 대해 살펴보겠습니다. 만화 속 주인공인 수현 그리고 친구들과 함께 즐겁게 배워 봅시다!

come / go

다녀오겠습니다~!

come='오다', go='가다'로 암기하지 말고, '화자의 시점'에 따라 적절히 구분하는 것이 중요합니다.

I'm coming.

지금 (그쪽으로) 갑니다.

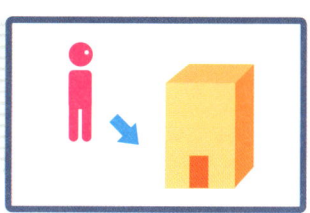

　come은 '현재 있는 장소에서 다른 장소로 향한다'는 기본 이미지를 갖고 있습니다. '화제의 중심이 되는 곳을 향해 나아가는' 상황에서 사용합니다. 또 Come to my house '우리 집에 놀러 와'처럼 '화자(가 있는 곳)를 향해 가는' 경우에는 '가다'가 아니라 '오다'라고 번역합니다.

I'm going.

다녀오겠습니다.

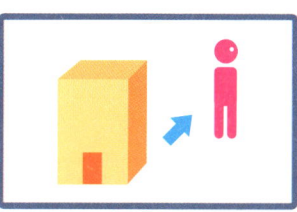

　go는 '현재 있는 장소에서 다른 장소로 멀어진다'는 기본 이미지를 갖고 있습니다. go away '어딘가로 가다/떠나다' 혹은 go for a walk '(집을 나와서) 산책을 가다'도 이 이미지와 일치합니다. 또 Let's go! '지금 있는 장소를 떠나서 다른 장소로 가자!' ➡ '가자!'는 출발할 때 쓰는 단골 표현입니다.

come / go
구분하기

come home
go home

집에 돌아가다

A I came home from my office at 10:00.
B I went home from my office at 10:00.

　언뜻 봐서는 두 문장 모두 '집에 돌아가다'라는 동일한 의미로 보이지만 시점의 차이에 주의해야 합니다.
　come은 '현재 있는 장소에서 다른 장소로 향하다', go는 '현재 있는 장소에서 다른 장소로 멀어지다'가 기본 이미지입니다. **A** 는 '사무실에서 나와서 10시에 집에 도착했다(사무실을 나온 시간은 알 수 없음)', **B** 는 '10시에 사무실을 나와서 집으로 향했다(집에 도착한 시간은 알 수 없음)'는 의미입니다. **A** 는 '언제 도착했는지', **B** 는 '언제 출발했는지'에 각각 초점을 맞추고 있습니다.

- come home
- go home

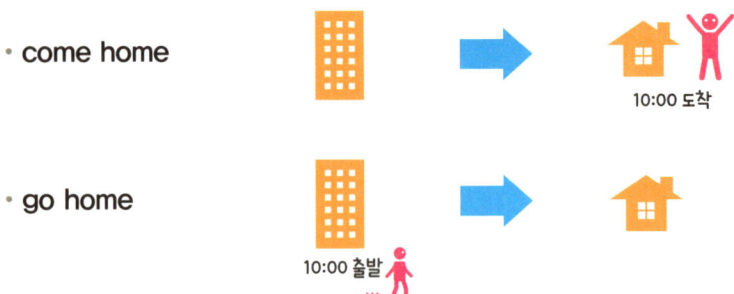

go
를 사용한 표현

be gone
사라지다

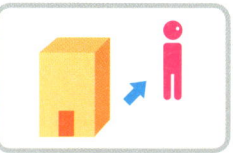

 go는 '현재 있는 장소에서 다른 장소로 멀어지는 모습'으로 go의 과거분사형인 gone을 사용하면 '다른 장소로 가 버렸다' ➡ '(주어가) 사라졌다'는 의미가 됩니다.
 My headache is gone은 '두통이 다른 장소로 가 버렸다' ➡ '두통이 나았다'는 뜻입니다.

"You come here and kiss your mother before you go."
"나가기 전에 이리 와서 엄마에게 키스해 주렴."

 아침 식사를 하다 말고 출근하려는 아들 데이브(주인공 마티의 형)에게 어머니 로레인이 하는 말입니다. 기본 이미지대로 '현재 있는 장소에서 자신이 있는 장소로 오다'는 come, '집에서 떨어져 밖으로 나가다(외출하다)'는 go로 표현하고 있습니다.

▶ 영화 〈백 투 더 퓨처〉(1985)

bring / take

미국에서 선물 사 왔어!

bring과 take의 차이는 come과 go(➡ 28쪽)의 차이와 비슷합니다. 화자의 '시점'이 어디에 있는지가 중요하기 때문입니다.

bring ~
~를 가져오다

　bring은 '특정 사람/장소로 무언가를 가지고 온다'는 기본 이미지를 갖고 있습니다. 따라서 '상대방이 있는 장소에 전달하다'라고 말할 때는 bring을 써야 합니다. I'll bring you ~ 처럼 '자기 이외의 목적지'인 경우에는 '가져오다' 대신 '당신이 있는 곳으로 ~를 가져가다'라고 번역합니다.

take ~
~를 가져가다

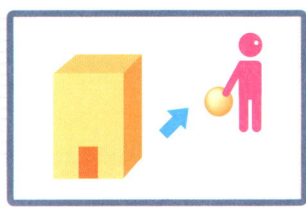

　take의 기본 이미지는 '특정 사람/장소에서 다른 사람/장소로 가지고 가다'입니다. take a lot of things from ~처럼 from이 함께 와서 '~에서 무언가를 가져가다'의 형태로 자주 사용됩니다. 참고로 take a life의 경우 '생명을 다른 장소로 가져가다' ➡ '생명체를 죽인다'는 의미가 됩니다.

bring/take 미국에서 선물 사 왔어!　33

bring / take
구분하기

bring some wine
take some wine
와인을 조금 가져가다

A See you at the party tonight. I'll bring some wine.
"그럼 오늘 밤 파티에서 봐. 와인을 조금 가져갈게."

B Are you going to the party? Why don't you take some wine?
"파티에 가는 거야? 그럼 와인을 조금 가져가면 어때?"

A 와 **B** 를 번역하면 모두 '와인을 조금 가져가다'가 된다는 사실에 주의해야 합니다. **A** 의 bring은 '특정 사람/장소로 무언가를 가지고 오다'가 기본 이미지이므로, '파티에 와인을 가져간다'는 것을 나타냅니다.
B 의 take는 기본 이미지가 '특정 사람/장소에서 다른 사람/장소로 가져가다' 이므로 여기에서는 '집에서 와인을 파티 장소로 가져가다'를 의미합니다.

- bring some wine

- take some wine

bring
을 사용한 표현

bring home the bacon
생활비를 벌다

bring은 bring ~ …라는 형태로 쓰며 '~라는 장소로 …를 가져오다'를 나타냅니다. 따라서 bring home the bacon은 '집으로 베이컨을 가져오다'를 의미합니다. 여기서 '베이컨'은 이른바 '생활의 기반'을 상징하는 것이므로, '생활비를 벌다', '가족을 부양하다'를 의미합니다.

You can take that to the bank.
'그 점은 틀림없습니다.'

직역하면 '그것을 은행에 가져갈 수 있습니다'이지만, '그 수표는 부도수표가 아니라 액면 그대로의 가치를 지니기 때문에, 은행에서 바꿀 수 있습니다'라며 상대방을 안심시키는 말입니다. 이 뜻이 바뀌어 '그 점은 틀림없습니다', '믿어 주십시오'라는 의미로 사용됩니다.

eat / have

점심 누구랑 먹어?

eat과 have는 모두 '먹다'를 의미하지만, have의 경우 단지 '먹는 것'뿐만 아니라 친밀한 분위기가 들어 있습니다.

Let's eat lunch!

점심밥을 먹자!

eat의 기본 이미지는 '먹는 것' 자체가 중심이 됩니다. 예를 들어 의사가 환자에게 '(검사가 있으므로) 오늘 밤에는 아무 것도 먹지 마세요!'라고 말할 때는 Don't eat anything tonight이라고 하는 것이 자연스럽습니다. '음식을 체내에 받아들이는 행위' 자체를 경고하는 것이기 때문입니다.

Let's have lunch!

함께 점심 식사를 하자!

'먹다'를 나타내는 경우 have의 기본 이미지는 단순히 음식을 입에 넣는 것이 아니라 '식사 시간을 갖는 것'이 중심이 됩니다. eat은 '개개인이 (각자) 식사하다'라는 뉘앙스가 강한 반면, have는 '(누군가와 함께) 식사를 즐기는' 상황이 원어민의 머릿속에 그려집니다.

eat / have 점심 누구랑 먹어? 37

eat / have
를 사용한 표현

eat like a horse
많이 먹다

　말이 먹이를 탐내는 것처럼 많이 먹는 모습을 나타내는 표현입니다. '식사를 즐기는 것'이 아니라 '마치 동물처럼 음식을 입에 넣는 것'이기 때문에 have 대신 eat을 사용합니다.
　비슷한 표현으로 eat like a hog '게걸스럽게 먹다'처럼 hog(돼지)에 비유하기도 합니다. 반대로 '소식'의 경우에는 bird(새)를 사용해서 She eats like a bird '그녀는 소식을 한다'고 말합니다.

have a bite
한입 맛보다

　a bite는 '한입'을 의미하므로, have a bite는 '한입 정도 즐겁게 먹다' ➡ '한입 맛보다'라는 뜻이 됩니다. eat a bite라는 표현도 있지만 have a bite가 '맛보다', '즐기다'의 뉘앙스를 보다 강하게 지닙니다. 명령문 Have a bite!는 '맛을 봐'라는 뜻입니다. Eat a bite!라고 하면 단순히 '한입 먹다'를 뜻하기 때문에 '맛을 즐겨 봐' ➡ '맛을 봐'라는 뜻은 나타낼 수 없습니다.

eat / have
구분하기

What did you eat?
What did you have?

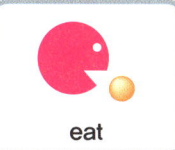
eat

have

무엇을 먹었습니까?

What did you eat?은 의사 등이 치료를 위해 환자에게 '어떤 것을 먹었습니까?'라고 묻는 말입니다. 반면, What did you have?는 '밥은 뭐 먹었어?'처럼 '식사의 전반적인 내용'을 물을 때 주로 사용합니다. 한편, What did you have?라는 질문에 식재료 대신 'Italian(이탈리아 요리)'과 같이 요리의 종류로 대답할 수 있습니다.

이것이 현지 영어다

You can't have your cake and eat it too.
'두 가지 좋은 것을 동시에 얻을 수는 없다.'

이 have는 '먹다'가 아니라 '가지다'라는 뜻입니다. 케이크는 먹으면 없어지기 때문에 '케이크를 가지고 있는 것'과 '케이크를 먹는 것'은 동시에 성립할 수 없습니다. 즉, '두 가지의 좋은 것을 동시에 얻을 수는 없다, 둘 중 하나만 고를 수 있다'는 뜻의 속담입니다.

Lesson 4

catch / get

신문을 잡아라!?

'움직이고 있는 것을 잡는' catch, '움직이지 않는 것을 잡는' get을 이해한다면 catch와 get을 구분할 수 있습니다.

catch the newspaper

(날아가는) 신문을 붙잡다

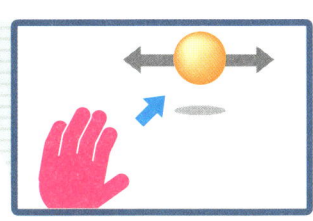

catch의 기본 이미지는 '움직이고 있는 것을 (열심히) 붙잡다'입니다. Please catch the newspaper는 '하늘을 날고 있는 신문을 잡아!'를 의미하는 것처럼 들립니다. 물론 바람에 날려서 공중을 날고 있는 신문에 사용하는 것은 괜찮지만, 멈춰 있는 신문에는 쓸 수 없습니다.

get the newspaper

신문을 받다

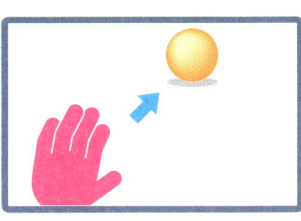

get은 '움직이지 않는 것이 있는 곳까지 가서 붙잡다'라는 기본 이미지를 갖고 있으므로, get the newspaper는 신문을 받는다는 '일반적인 동작'을 나타냅니다. '(신문이 있는 곳까지) 가서 가져오다'라는 뜻을 명확히 하고자 할 때는 go and get ~ '~를 가지러 가다'를 사용하면 됩니다.

catch / get
구분하기

catch a taxi
get a taxi
택시를 잡다

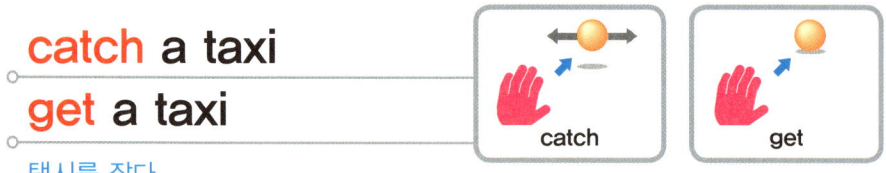

A Where can I catch a taxi?
B Where can I get a taxi?

　catch는 '움직이고 있는 것을 붙잡다'이므로 A 는 '어디에 가면 움직이고 있는 택시를 잡을 수 있습니까?'라는 의미입니다. 이런 질문을 받았을 때는 큰길이나 택시가 많이 지나다니는 지점까지 안내하면 되겠지요.

　get은 '움직이지 않는 것의 위치까지 가서 그것을 붙잡다'가 기본 이미지이므로, B 는 '멈춰 있는 택시를 탈 수 있는 장소는 어디입니까?'라는 질문입니다. 이 질문에는 택시가 대기 중인 택시 정류장을 알려 주면 됩니다.

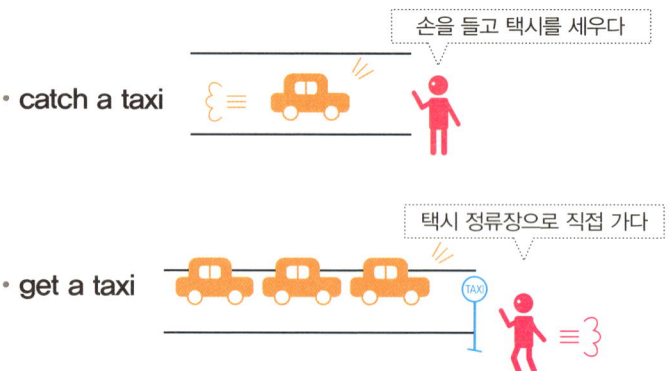

catch
를 사용한 표현

catch a train
기차를 타다

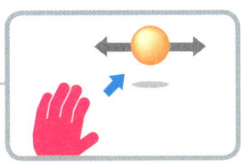

'기차를 타다'는 catch a train 또는 take a train이라고 말합니다. catch의 기본 이미지는 '움직이고 있는 것을 잡다'이므로 catch a train은 '곧 출발할 듯한 기차에 재빨리 올라타다'라는 뉘앙스가 있습니다. I hurried to the station because I had to catch the first train '첫 기차를 타야만 했기 때문에 역까지 서둘러 갔다'와 같이 쓰입니다.

"Get the antenna. Let's see if we can catch the BBC."
'안테나를 뽑아 봐. BBC 전파가 잡히는지 확인해 보자.'

독일군의 포로가 된 미국 병사들이 숨겨 두었던 라디오로 영국 BBC 방송을 듣는 장면입니다. 여기서 get은 '쓸 수 있는 상태를 손에 넣다'라는 뉘앙스입니다. '움직이고(돌아다니고) 있는 전파를 잡다'이므로 catch를 사용하고 있습니다.

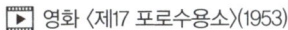 영화 〈제17 포로수용소〉(1953)

send / take

치과에 데려다줄게

'사람을 ~에 보내다'를 의미하는 send와 take를 구분하는 데 가장 핵심적인 것은 '강제성'의 여부입니다.

✓ Image Check!

send you to ~

사람을 ~에 (강제로) 보내다

send는 '자신이 직접 움직이지 않고 사람이나 사물을 움직인다'는 기본 이미지를 갖고 있습니다. 그렇기 때문에 '윗사람이나 권력자가 사람을 움직이는' 경우에 주로 사용합니다. send를 '사물'에 쓸 때는 상관없지만, '사람'에게 쓰는 경우에는 '누군가에게 부탁해서 억지로 데려가다'라는 뉘앙스가 있습니다.

take you to ~

~까지 사람을 데려가다

take의 기본 이미지는 '직접 움직여서 데려가다'입니다. 따라서 '자동차나 도보로 사람을 데려다주는' 경우에 take를 사용합니다. I'll take you there는 '내가 거기까지 데려다주겠다'를 뜻하는데, 자동차나 도보로 '끝까지 직접 데려간다'는 의미입니다.

send / take
를 사용한 표현

be sent on ~
~에 파견되다

이 표현은 send 사람 on ~ '사람을 ~에 파견하다'라는 표현을 수동형으로 바꾼 것입니다. Some employees were sent on a training course '일부 직원들이 연수 프로그램에 보내졌다'처럼 사용합니다.

회사의 상사나 관리부가 직원 등을 '보내다'라는 뜻인데, send의 기본 이미지인 '자신은 움직이지 않고 사람이나 사물을 움직이는 것'과 완벽하게 일치하네요.

take ~ out
~를 데리고 나가다

'직접 움직여서 데리고 가다'를 의미하는 take와 '밖으로'를 뜻하는 부사 out이 합쳐진 take ~ out은 '~를 밖으로 데리고 가다'라는 뜻이 됩니다.

I'll take her out for lunch '그녀를 점심 식사에 데리고 갈 생각이다'처럼 for가 함께 와서 '어떤 목적으로 데리고 가는지'를 구체적으로 설명할 수도 있습니다.

send / take
구분하기

send ~ home
take ~ home
~를 집에 보내다

원어민이 send ~ home이라는 표현을 들으면 머릿속에 '상자 등에 넣어진 상태로 집에 배달되는' 모습을 떠올리며, 마치 사람을 '사물 취급'하는 느낌을 갖습니다.

한편, take ~ home은 '집까지 데려다주다'를 의미하는데 일반적으로는 '상대방의 집에 데려다주다'라는 뜻입니다. take 대신 drive를 써서 drive ~ home이라고 하면 '~를 차로 바래다주다'가 됩니다.

"You Send Me."
'당신이 너무나도 멋져서 나는 하늘로 날아갈 것 같아요.'

Sam Cooke의 대표곡입니다. '당신이 나를 보내? 어디로?'라고 생각할 수 있는데, 사실 이 send는 1950년대 당시의 구어인 send ~ to another world, '~를 다른 세계로 보내 버리다'를 줄인 표현입니다.

🎵 노래 〈You Send Me〉(1957)

have / hold

주려던 게 아닌데…

have와 hold 모두 '가지다'라고 번역되지만 have는 '소유권을 가지고 있다', hold는 '손으로 잡다'라는 서로 다른 의미를 나타냅니다.

✓ Image Check!

have an umbrella

우산을 가지다(소유하다)

　have의 기본 이미지는 '자신이 자유롭게 쓸 수 있는 상태에 있다/소유하고 있다'입니다. 따라서 Can you have this umbrella?는 '이 우산을 네가 자유롭게 쓸 수 있는 상태로 해 줄래?' ➡ '이 우산, 네가 가지지 않을래? (네가 가져도 돼)'라는 의미가 되어 버립니다.

hold an umbrella

우산을 손으로 들다

　hold는 '손으로 (확실하게) 잡다'라는 기본 이미지를 갖고 있습니다. '소유'를 나타내는 have와 달리, hold에는 '확실하게 잡다/쥐다'라는 구체적인 이미지가 있습니다. 나아가 '확실히 쥐다'라는 의미를 더 강조하고 싶으면 hold ~ tight '~를 꽉 쥐다'나 hold ~ firmly '~를 단단히 쥐다'를 쓰면 됩니다.

have/hold 주려던 게 아닌데… 49

have / hold
구분하기

have CDs
hold CDs

CD를 가지고 있다

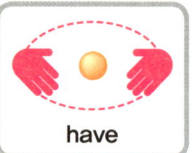
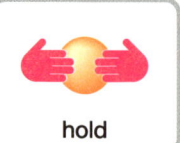

　have의 기본 이미지는 '소유하다'로, 가령 책장에 가득 꽂힌 CD를 보고 '너 CD를 많이 갖고 있구나!'라고 말할 때는 You have a lot of CDs!라고 하면 됩니다.
　hold는 '손으로 (확실하게) 잡는 것'이 기본 이미지이므로, She's holding a lot of CDs '그녀는 양손에 많은 CD를 들고 있다'처럼 사용합니다.

• have CDs　　　　　　　• hold CDs

hold
를 사용한 표현

hold one's breath
숨을 참다

breath '숨'을 체내(폐)에서 밖으로 내보내지 않고, 몸 안에 지닌 상태를 유지하다 ➡ '숨을 참다'라는 뜻이 됩니다. 또 hold one's breath는 한국어의 '숨을 죽이다'와 같이 '마른침을 삼키고 지켜보다'라는 뉘앙스로도 쓰입니다.

한편, save one's breath는 '호흡을 낭비하지 않고 갖고 있다' ➡ '쓸데없는 말을 하지 않는다'를 의미합니다.

이것이 현지 영어다

"to have and to hold."
'(상대방을) 자신의 것으로 만들다.'

We promise to have and to hold all the days to love and to cherish…, '우리는 언제나 서로 사랑할 것을 맹세합니다'라는 결혼 서약의 일부입니다. to have and to hold는 '가지다'라는 뜻을 강조하기 위해 두 단어 모두 쓰였으며, 전체 표현은 '(상대방을) 자신의 것으로 만들다'라는 의미입니다.

Lesson 7

take / ride

택시 위에 올라탄다고!?

take와 ride는 탈것에 따라 구분할 필요가 있습니다. ride는 기본적으로 '걸터앉는 탈것'에 사용합니다.

take a taxi

택시를 타다

'특정 사물을 이용하는 것'이 take의 기본 이미지입니다. 택시나 기차 등의 교통수단을 이용할 때는 take를 사용합니다. 또 take a bath '욕조를 이용하다' ➡ '목욕하다'나 take a break '휴식을 이용하다' ➡ '휴식을 취하다' 등 take를 써서 여러 가지 '이용 상황'을 나타낼 수 있습니다.

ride a taxi

택시 위에 올라타다

ride a bike '자전거를 타다'나 ride a motorbike '오토바이를 타다'와 같이 '(탈것에) 걸터앉다'가 ride의 기본 이미지입니다. 따라서 ride a taxi라고 말할 경우, 택시 위에 억지로 올라탄 이상한 모습을 상상하게 되기 때문에 원어민이 피식 웃을지도 모릅니다.

take / ride
구분하기

take a bike
ride a bike

take   ride

자전거를 타다

A How do you go to school? "학교에 어떻게 가?"
  I take a bike. "자전거 타고 가."

B What do you usually do on Sunday? "일요일에는 주로 뭘 하니?"
  Ride a bike. "자전거를 타."

A 의 대화에서는 통학할 때의 수단을 묻고 있습니다. '교통수단으로 자전거를 이용한다'고 대답할 때는 take를 사용합니다.

B 의 대화에서는 '취미나 스포츠로 자전거를 타다'라는 뉘앙스를 나타냅니다. '교통수단으로 이용하는' 것보다는 '자전거 자체에 올라타다'라는 의미가 강합니다.

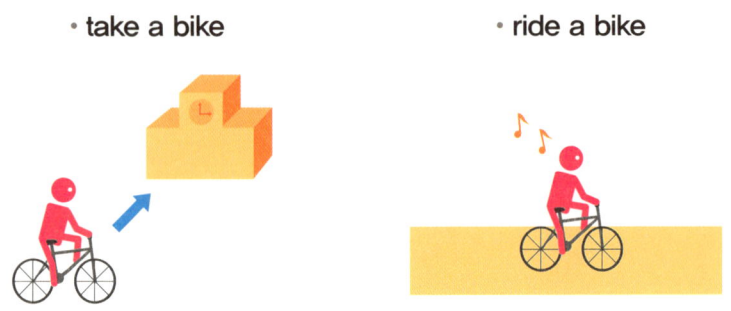

• take a bike   • ride a bike

ride
를 사용한 표현

ride in ~
~를 타다

미국 영어에서는 ride를 '자동차 등 (걸터앉지 않는) 탈것에 타다'라는 뜻으로 쓰기도 합니다. 이때 일반적으로 전치사 in이 함께 쓰입니다. Let's ride in a taxi '택시를 타자'나 We all rode in his car '모두가 그의 차에 탔다'는 in과 함께 쓰여 '탈것 안에 들어가다'라는 의미가 강해지면서 '위에 올라타다'라는 의미가 사라진 것입니다.

Quiz
~에 들어갈 말은 take? ride?

Let's _____ a banana boat!
'우리 바나나보트 타자!'

리조트 등에서 흔히 보는 바나나 모양의 고무보트인 '바나나 보트'는 '걸터앉아서' 타는 것입니다. 그렇기 때문에 ride를 써서 Let's ride a banana boat!, '바나나 보트 타자!'라고 하는 것이 자연스럽습니다.

[정답] ride

put / lay

그렇게 놓지 말란 말이야!

put과 lay는 모두 '놓다'를 의미하는 동사로 쓰이지만, 놓는 방법에는 큰 차이가 있습니다.

put ~

~를 놓다

　put이 지니는 기본 이미지는 '손을 사용해서 어떤 장소에서 다른 장소로 이동시켜 놓다'입니다. '놓다'를 의미하는 가장 기본적인 동사이기도 합니다. 또 put pressure on ~ '~에 압력을 가하다'처럼 손으로 만질 수 없고 추상적인 '눈에 보이지 않는 것'에 대해 사용할 수도 있습니다.

lay ~

~를 눕혀 놓다

　lay는 '서 있는 상태로 놓는 것'이 아니라 '옆으로 놓다' ➡ '눕히다'가 기본 이미지입니다. 나아가 '옆으로 놓다'라는 뜻을 보다 명확하게 하고 싶을 때는 lay ~ down이라는 표현을 사용합니다. She laid herself down은 '그녀는 스스로를 눕혔다' ➡ '그녀는 누웠다'는 뜻이 됩니다.

put / lay
를 사용한 표현

put oneself in someone's shoes
누군가의 입장이 되어 생각하다

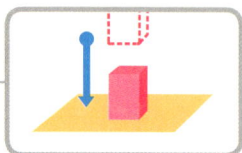

'자신을 누군가의 신발 속에 넣다'가 직역인데, shoes는 '입장'을 완곡하게 나타낸 단어이므로 Put yourself in his shoes '그의 입장에서 생각해 봐'와 같이 쓰입니다.

Don't put yourself at risk '너 스스로를 위험한 상황에 놓지 마' ➡ '위험을 감수하지 마'나 She always puts herself forward '그녀는 항상 주제넘게 나선다' 등도 '입장에 서다'라는 기본 의미를 바탕으로 합니다.

lay oneself open to criticism
비판에 스스로를 노출시키다 / 비난을 초래하다

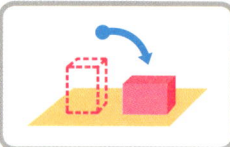

He laid himself open to criticism은 '그는 비판에 자신을 노출시켰다'는 뜻입니다. 위에서 소개한 put oneself는 '입장에 서다'라는 의미인 반면, lay oneself는 '스스로를 드러내다'라는 뉘앙스를 지닙니다. '있는 그대로의 모습'으로 '그냥 좋을 대로 해!'라고 말하며 드러눕는 모습이 떠오르네요.

put ~ down
~를 아래에 놓다

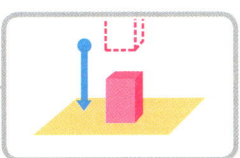

'아래에 놓다'라는 기본 의미를 지니는 put ~ down은 사실 여러 의미를 나타낼 수 있습니다. put down one's thoughts는 '생각을 아래에 놓다' ➡ 머릿속에 있는 생각을 종이 위에 내려놓다 ➡ '생각을 적어 놓다'라는 의미가 됩니다.

또 put down a riot은 폭동을 아래에 놓은 상태로 '진정시키다' ➡ '폭동을 진압하다'를 뜻합니다. 그 외에도 '(사람을) 헐뜯다', '(전화를) 끊다', '(우산을) 접다' 등의 의미를 나타낼 수 있습니다.

"Put your weapons on the ground. Lay them on the ground."
'무기를 땅에 놓아. 땅에 눕혀 놔.'

서부극의 한 장면으로, 보안관이 악당 무리에게 하는 대사입니다. '일단 놓아'라고 지시한 뒤 보다 구체적으로 '눕혀 놓으라'고 말하고 있습니다. '바로 사용할 수 없도록 세우지 말고 눕혀 놓으라'는 것입니다.

▶ 영화 〈라이트닝 잭 Lightning Jack〉(1994)

Lesson 9
become / get

나도 유명해지고 싶다

become과 get은 모두 '~가 되다'를 의미하지만, '어떤 방식으로 되는지'가 다릅니다.

become famous

시간이 흘러서 유명해지다

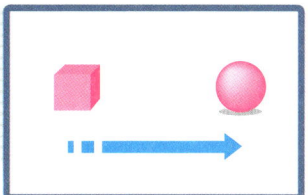

　become의 기본 이미지는 '장기적인 변화'나 '어느 정도 시간이 걸리는 변화'입니다. '시간을 두고 천천히 변화하는 것'이므로 '착실함'이나 '노력'이 느껴집니다. She became a famous actress '그녀는 유명 여배우가 되었다'처럼 become 뒤에 명사가 오기도 합니다.

get famous

눈 깜짝할 새에 유명해지다

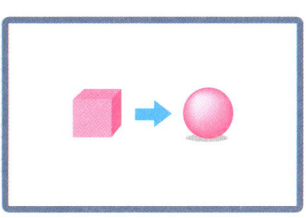

　get이 '~가 되다'를 의미하는 경우의 기본 이미지는 '비교적 단기간에 일어나는 변화'입니다. 따라서 get famous라고 하면 '갑자기 유명해지다'라는 뜻이 되어 버립니다. 한편, '~가 되다'를 의미할 때의 get은 become과 달리 명사가 뒤에 올 수 없으므로 주의합시다.

become / get
을 사용한 표현

~ become you
~는 너에게 어울려

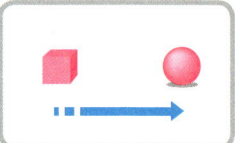

become은 '장기적인 변화'라는 기본 이미지를 가지므로 ~ become you는 '~는 완전히 너 자신이 되었다' ➡ '~는 네 것이 되었다'를 표현하며 '어울리다'를 의미하게 됩니다.

예를 들어 That blue jacket becomes you는 '그 파란색 재킷 잘 어울려'라는 뜻입니다.

getting ~
점점 ~가 되어 가다

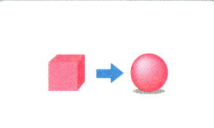

get은 '비교적 단기간에 일어나는 변화'이지만, 진행형으로 바꾸어 '점점 ~가 되어 가다'라는 '시간이 걸리는 변화'를 나타낼 수도 있습니다.

예를 들어 It was getting dark는 '점점 어두워졌다'인데 '어두워지다'라는 순간적인 사건이 '점차적으로' 일어난다고 생각하면 그 분위기를 정확하게 이해할 수 있습니다.

become / get
구분하기

become smart
get smart

머리가 좋아지다 / 건방진 소리를 하다

　become은 '계속적인 변화', 즉 '일시적이지 않은 변화'를 나타내므로 become smart는 '머리가 좋아지다'를 의미합니다.
　이와는 달리 get은 '비교적 단기간에 일어나는 변화', 즉 '일시적인 변화'를 나타냅니다. get smart는 '일시적으로 똑똑해진 것처럼 행동하다' ➡ '건방진 소리를 한다'는 뜻이 됩니다.

"When they become old, they get lonely."
'나이를 먹으면 외로운 법이다.'

　주인공 브라이드를 향해 조직의 보스가 한 대사입니다. '시간이 걸리는 변화'가 become, '짧은 기간의 변화'가 get이므로 이 대사는 '긴 세월이 흘러 노인이 되었을 때 갑자기 외로워지는 법이다'라는 심오한 뉘앙스를 포함하고 있습니다.

▶ 영화 〈킬 빌 2〉(2004)

keep / leave

열어 놓으라고!

keep과 leave의 구분에서 중요한 것은 '그대로의 상태를 유지'하는 동작이 '의도적인지 아닌지'의 여부입니다.

keep ~ open

~를 (일부러) 열어 놓다

'화자가 의도적으로 ~라는 상태를 유지하다'가 keep의 기본 이미지입니다. keep the window open은 '화자가 창문을 열어 놓을 필요나 이유가 있기 때문에 그 상태를 유지하다'라는 의미입니다. 또 keep it a secret은 '그것을 의도적으로 비밀인 채로 하다' ➡ '비밀로 하다'라는 뜻이 됩니다.

leave ~ open

~를 열어 놓은 상태로 두다

leave의 기본 이미지는 '화자의 의도와 상관없이 그 상태를 방치하다'입니다. leave the window open은 '창문을 건드리지 말고 열어 놓은 상태로 두다'를 의미합니다. Please leave it as it is는 '건드리지 말고 그대로의 상태로 두라'는 뜻입니다.

keep / leave
를 사용한 표현

keep ~ clean
~를 깨끗한 상태로 유지하다

  '화자가 의도적으로 ~라는 상태로 유지하다'가 기본 이미지인 keep을 사용해서 '열심히 ~하다/노력해서 ~를 유지하다'라는 뜻을 나타낼 수 있습니다.
  Keep your desk clean은 '책상을 (열심히) 깨끗한 상태로 유지하시오'를 의미합니다. '방치'가 아니라 청소나 정리 등의 '노력'을 통해 깨끗한 상태를 유지하라는 말입니다.

leave ~ alone
~를 혼자 내버려 두다

  leave가 지니는 '화자의 의도와 상관없이 그 상태를 방치하다'라는 기본 이미지는 '상관하지 않기를 바라다 / 내버려 두기를 바라다'라는 감정을 표현할 때 제격입니다.
  Leave me alone이라고 하면 '방해하지 마', '신경 쓰지 마', '너랑은 상관없잖아' 등의 뉘앙스로, 상대방이 '간섭하지 않기를 바라는' 심정을 분명하게 전달할 수 있습니다.

keep / leave
구분하기

keep the water running
leave the water running

물을 틀어 놓은 채로 두다

keep의 기본 이미지는 '화자가 의도적으로 ~라는 상태를 유지하다'이므로, 해동을 위해 '물을 틀어 놓은' 경우에는 keep the water running을 사용합니다.

'화자의 의도와 상관없이 그 상태를 방치'하는 leave의 경우, Don't leave the water running '물을 틀어 놓지 마'처럼 물을 줄줄 흐르게 한다는 뉘앙스가 있습니다.

"You leave him alone. Keep your hands off him."
'그를 혼자 내버려 둬. 상관하지 마.'

공포 영화인 〈할로윈〉의 한 장면입니다. leave him alone은 '그를 혼자 내버려 둬'라는 뜻이지요. keep one's hands off ~는 '~로부터 손을 뗀 상태를 유지하다' ➡ '~와는 관계를 맺지 않다'라는 뜻이 됩니다.

▶ 영화 〈할로윈〉(1978)

67

기본 동사를 활용한 일상 회화

PART 1에서 배운 기본 동사만을 사용해도 대부분의 일상 회화를 구사할 수 있습니다. 어려운 동사를 많이 외우기보다, 우선 간단한 동사를 최대한 활용하도록 합시다.

상황 1

What's eating you?
뭐 고민하고 있어?

Actually, I got a failing grade on my test.
실은 시험에서 낙제점을 받았어.

What's eating you?는 '무엇이 당신을 먹고 있습니까?'가 아니라 '보이지 않는 무언가에 갉아먹히고 있다' ➡ '무언가에 의해 불안함을 느끼다'이므로 '뭘 고민하는 거야?'가 됩니다. get은 시험 성적을 '얻는' 경우에도 사용합니다.

상황 2

Have a safe trip back home.
집에 조심해서 들어가.

Thanks. Let's keep in touch.
고마워. 계속 연락하자.

Have a safe trip back home은 '집까지의 안전한 여행을 소유하다' ➡ '무사히 돌아가다'라는 의미입니다. keep in touch는 'in touch(연락을 취하는) 상태를 유지하다' ➡ '연락하고 지내자'라는 말입니다.

자주 쓰는 동사

PART 2에서는 watch와 see, tell과 say 등 기본 동사만큼 일상적이고 쉬운 동사들의 구분을 공부합니다. 잘 아는 동사라고 방심하지 말고, '쉬운 동사'일수록 그 구분에 주의합시다.

watch / see

같이 영화 보자!

watch와 see는 '보는 방식'이 크게 다릅니다. '계속 바라보다'라는 watch의 뉘앙스에 주의합시다.

watch a movie

(집에서) 영화를 보다

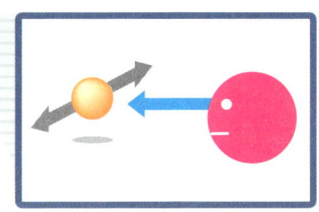

　watch의 기본 이미지는 '(움직이는 것을) 계속 바라보다'입니다. 텔레비전 화면의 영상처럼 '움직임이 있는 것을 집중적으로 계속 볼' 때 사용합니다. 따라서 '(집에서) 텔레비전이나 비디오로 영화를 보는' 경우에는 watch a movie가 됩니다. '텔레비전을 보다'도 마찬가지로 watch TV입니다.

see a movie

(영화관 등에서) 영화를 보다

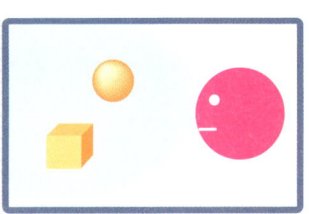

　see의 기본 이미지는 '(자연스럽게) 눈에 들어오다'입니다. '영화관에서 영화를 보는' 경우에는 텔레비전과 같이 어떤 화면을 집중적으로 보는 것이 아니라, 큰 스크린 전체가 풍경처럼 자연스럽게 눈에 들어오는 상황이므로 see a movie라고 표현합니다. '영화관에 보러 가다'라고 확실히 표현할 때는 go to see a movie를 씁니다.

watch / see
를 사용한 표현

Watch your head!
머리 위를 조심해!

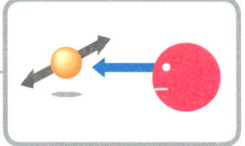

watch는 '(움직임이 있는 것을) 계속 바라보다' ➡ '~에 주의를 기울이다 / ~를 주의하다'를 의미하기도 합니다. Watch your head!는 '머리를 봐!'가 아니라 '(물건이 떨어지니까) 머리 위를 조심해!'라는 뜻입니다.

Watch your feet! '발밑을 조심해!'나 Watch your hands! '주변을 조심해!' 등도 마찬가지입니다.

see the sights
명소를 구경하다

'(자연스럽게) 눈에 들어오는 것'을 뜻하는 see는 '풍경이나 건물 등을 적극적으로 눈에 넣다' ➡ '구경하다'를 의미할 수도 있습니다. I saw the sights in Daegu by a sightseeing taxi '관광 택시를 타고 대구 시내를 구경했다'처럼 사용합니다. sightseeing은 'sight를 see 하는 것' ➡ '관광'이란 뜻의 명사입니다.

watch / see
구분하기

watch the sunrise
see the sunrise

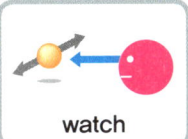
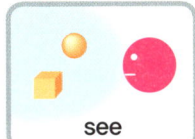

일출을 보다

'계속 바라보다'를 의미하는 **watch**는 We sat and watched the sunrise '우리는 앉아서 일출을 계속 바라보았다'와 같이 표현할 수 있습니다. watch를 see로 바꾸어 We sat and saw the sunrise라고 하면 상당히 부자연스럽습니다. **see the sunrise**는 I saw the sunrise while driving '운전 중에 일출을 보았다'처럼 자연스럽게 일출이 눈에 들어오는 상황에서 사용합니다.

You just watch me.
'그냥 보고만 있어.'

watch는 '(움직임이 있는 것을) 계속 쳐다보다'가 기본 이미지이므로, '지금부터 나(내가 하는 것)를 계속 보고 있어' ➡ '그냥 보고 있어'라며 시범이나 요령 등을 실제로 보여 줄 때 쓰는 표현입니다. '보면 알게 되니까 가만히 보고만 있어'라는 뉘앙스가 있습니다.

look at / see

뭐가 보인다는 거야?

look at과 see는 보는 사람의 '의식'이 다릅니다. look at은 watch와도 조금 비슷한데, 주로 '멈춰 있는 것을 의식적으로 보는 것'을 의미합니다.

look at ~

~를 (의식적으로) 보다

look at ~은 '정지된 것을 순간적, 의식적으로 본다'는 기본 이미지를 갖고 있습니다. '대상물을 재빨리 의식하다'라는 뉘앙스로, Look at those! '저것들을 봐!'는 상대방의 주의를 환기하거나, 주목하기를 바라는 대상을 지칭할 때 쓰입니다. Look!은 '봐!', '됐지?'와 같이 상대방의 주의를 환기시키는 경우에 사용합니다.

see ~

~가 (자연스럽게) 보이다

see의 기본 이미지는 '(자연스럽게) 눈에 들어오다'이지요(➡ 71쪽). 의식적으로 시야에 포함하는 것이 아니기 때문에 '~가 (자연스럽게) 보이다'라는 번역도 가능합니다. Can't you see them?은 '나한테는 당연하게 보이는데 너한테는 안 보여?'라는 뜻입니다. I can't see anything은 '아무것도 보이지 않는다'를 의미합니다.

look at / see
를 사용한 표현

look at the bright side
긍정적으로 생각하다

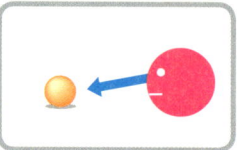

bright side는 '일의 긍정적인 면'을 의미합니다. '의식적으로 보다'를 뜻하는 look at을 사용하면 '부정적인 면만 보지 말고, 밝은 부분도 보도록 노력하다' ➡ '좋은 쪽으로 생각하다 / 낙관하다'라는 의미가 됩니다. 또 look on the bright side도 같은 의미입니다. 반대로 '비관하다'의 경우에는 look at the negative side라고 말합니다.

see things
환영을 보다

'자연스럽게 눈에 들어오다' ➡ '보기 싫어도 보게 되다'이므로 see things는 '(보통 사람들한테는 보이지 않는) 어떤 것이 눈에 들어오다' ➡ '환영을 보다'라는 뜻이 됩니다. Am I seeing things?는 '내가 환영을 보고 있나?'를 의미합니다.

look at / see
구분하기

look at this ~
see this ~

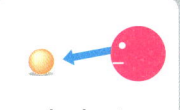
look at

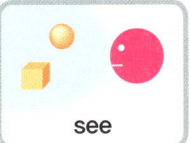
see

이 ~를 보다 / 이 ~가 보이다

look at '의식적으로 보다'를 사용한 Look at this family insignia!는 '이 가문(家紋)을 보라!'처럼 모 시대극에 나왔던 "이 가문이 안 보이느냐!"라는 표현입니다. see를 사용한 Can you see this family insignia?는 '이 가문이 보이니?'라는 뜻으로, '이거 우리 집 가문인데 보여?'라는 뉘앙스인데, 악당들이 이런 친절한 말투를 쓸 리가 없겠지요.

작품으로 공부하기

"I can see myself the way you look at me."
'네 눈을 통해서 나 자신을 바라볼 수 있어.'

인기 밴드의 기타리스트가 여주인공인 페니에게 말하는 대사입니다. see는 '자연스럽게 보다'이지요. 스스로의 모습은 의식하지 않아도 '자연스럽게' 보이는 것이므로 see myself를 사용합니다. 한편, 상대방을 보는 경우에는 '의식적으로 보는 것'이므로 you look at me가 되는 것입니다.

영화 〈올모스트 페이머스〉(2000)

meet / see

처음 보는 거 아닌데…

둘 다 '만나다'를 의미하지만, '장소'나 '상황'에 따라 적절히 구분해야 합니다.

meet someone

아는 사이가 되다

　meet의 기본 이미지는 '서로 특정 장소로 이동해서 만나다'입니다. 따라서 meet에는 '약속 장소에서 기다린다'는 뜻이 있습니다. 또한 '장소'를 '상태'로 바꾸면 위의 예문처럼 '초면에서 아는 사이로 발전하다' ➡ '아는 사이가 되다'를 의미하기도 합니다.

see someone

사람을 만나다

　71쪽에서 보았듯이 see는 '(자연스럽게) 눈에 들어오는 것'이 기본 이미지입니다. '(상대방의 모습이) 눈에 들어오다' ➡ '사람을 만나다'를 뜻하기도 합니다. see의 경우, meet처럼 '특정 장소로 이동하여 만나다' ➡ '약속하고 만나다'가 아니라 단순히 '만나다'라는 뉘앙스를 지닙니다. 우연히 보았을 때나 만나서 이야기하는 경우에도 쓸 수 있습니다.

meet / see
를 사용한 표현

meet ~ halfway
~와 서로 양보하다

meet의 기본 이미지는 '서로 장소를 이동하여 만나다'이지요. halfway는 '길 중간에서'를 의미하므로 meet halfway는 '서로 길의 중간으로 이동하다' ➡ '서로 양보하다'라는 뜻이 됩니다. 상대방과 자신이 하나의 다리로 연결되어 있고, 그 중간 지점에서 만나는 모습이 떠오릅니다. Let's meet each other halfway는 '우리 길 중간에서 만납시다' ➡ '서로 양보합시다'를 의미합니다.

see a lawyer
변호사에게 상담하다

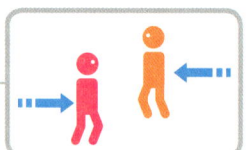

see는 '사람을 만나다'를 의미하며, '약속 등 특별한 목적을 가지고 누군가를 만나다'라는 뉘앙스도 있습니다. see a lawyer는 단순히 '변호사를 만나는 것'이 아닌 '변호사에게 법률 상담을 하다'라는 뜻이 됩니다.

그 밖에 see a doctor는 '의사에게 진찰받다'를 의미합니다. 예를 들어 If you have a headache, why don't you see a doctor?처럼 '머리가 아프면 의사한테 진찰받지 그러니?'와 같이 쓰입니다.

meet / see
구분하기

be **meeting** someone
be **seeing** someone

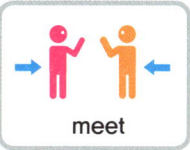
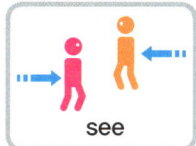

누군가를 만나다 / 누군가와 사귀다

    meet을 현재진행형으로 바꾸어 Are you meeting someone?이라고 하면 '어떤 장소로 이동해서 누군가와 만나?' ➡ '이따가 누구 만나?'라는 뜻이 됩니다.

    한편, see '사람을 만나다'를 사용한 Are you seeing someone?은 '누군가와 (정기적으로) 만나고 있어?' ➡ '누구 사귀는 사람 있어?'를 의미합니다.

"And, hey, it was nice to meet, um, see you."
'저기, 알게 되어서…가 아니라, 만나서 반가웠어.'

모니카는 남자 주인공에게 말을 걸었지만, 실은 잔디 깎기를 부탁한 것에 지나지 않습니다. 그리고 헤어질 때 이런 말을 하는데요. 주인공과 '거의 초면'이라고 느꼈던 모니카는 meet(알게 되다)을 사용하려다 어딘가 어색해 바로 see라고 바꿔 말합니다.

▶ 영화 〈억셉티드 Accepted〉(2006)

81

tell / say

재미있는 얘기 좀 해 봐!

tell은 '누구에게 말하는지'를 명확히 하고자 할 때 사용합니다. 반면, say의 경우 전달하는 '내용', '말' 자체가 강조됩니다.

✓ Image Check!

tell ~ ...

~에게 ...를 전하다

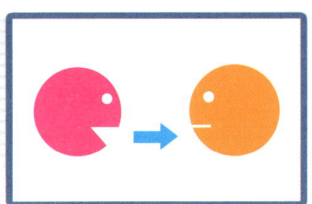

　tell의 기본 이미지는 '누군가에게 (단순한) 정보를 전달하는 것'입니다. tell 사람 ~의 형태는 '사람에게 ~를 전하다'를 의미합니다. 언제나 '전하는 상대방'을 의식한다는 사실에 주의합시다. I told you! '나는 당신에게 전했습니다' ➡ '봐, 내가 말했잖아!'처럼 '내용'이 생략되기도 합니다.

say

말하다

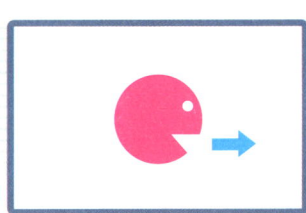

　say의 기본 이미지는 '단순히 무언가를 말하다'입니다. '말한 내용 자체'에 중점이 놓이기 때문에 전하는 상대방이나 그 유무는 중요하지 않습니다. They say ~는 '모두가 ~라고 말하다' ➡ '~라고 한다'가 되는데, '특정한 사람을 향한 메시지'가 아니라 '일반적인 이야기'를 전하는 것이므로 say를 사용합니다.

tell / say
를 사용한 표현

tell ~ a story
~에게 이야기를 전하다

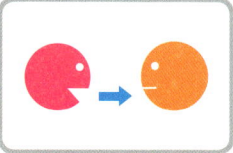

　I'd like to tell you a little story '잠시 얘기할 것이 있는데'와 같이 쓰입니다. story(이야기)는 누군가에게 전하기 위한 것이므로 '상대방'을 염두에 두는 tell을 써야 합니다. 마찬가지로 Let me tell you ~ '너에게 ~를 전하고 싶은데…'도 상대방이 있다는 것을 전제로 한 표현 중 하나입니다. 예를 들어 Let me tell you something은 '너한테 잠깐 할 말이 있는데…'라는 뜻입니다.

say hello to ~
~에게 안부를 전하다

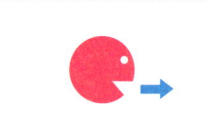

　'내용 자체'에 중점이 놓이는 say가 들어간 이 표현은 hello(안녕)란 말을 '그대로 ~에게 전해 주세요'를 의미합니다. Say hello to Paul for me '나를 대신해 폴에게 "안녕"이란 인사를 해 주세요' ➡ '폴에게 안부 전해 줘'와 같이 쓸 수 있습니다. hello 대신 hi를 써서 say hi to ~라고 말하기도 합니다.

tell / say
구분하기

Don't **tell** me that.
Don't **say** that.

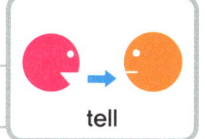
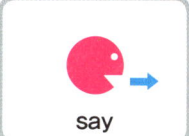

그 정도는 알고 있어. / 그렇게 얘기하지 마.

'전하는 상대방'을 중시하는 tell을 써서 Don't tell me that이라고 하면 '다른 사람이라면 몰라도 나한테는 그런 말 하지 마'라는 뉘앙스로, "날 뭘로 보는 거야!", "그 정도는 알고 있어!" 등 불만을 표현하는 말이 됩니다. say는 '내용 자체'를 중시하는 동사이므로 Don't say that은 "그렇게 말하지 마", "그거 말하면 큰일 나" 등 상대방을 달래는 듯한 뉘앙스가 있습니다.

"Tell me what you were gonna say. Go ahead."
'아까 말하려던 거 들려줘, 어서.'

중간에 말을 멈춘 여자 노름꾼 진저에게 주인공이자 경호원인 니키가 말을 재촉하는 대사입니다. What you were gonna say는 '말하려고(say) 했던 것'으로, 입에서 나오려던 말의 내용을 '나에게 알려 달라는(tell)' 의미입니다.

▶ 영화 〈카지노〉(1996)

Lesson 5

talk / speak

우리도 말하게 해 주세요~!

talk와 speak는 거의 같은 뜻으로 쓰일 때도 많지만, talk는 '상대방과의 대화', speak는 '일방적인 이야기'라는 뉘앙스를 지닙니다.

talk

(누군가와) 이야기하다

talk의 기본 이미지는 '누군가와 대화하다' 입니다. Let's talk!는 '함께 이야기합시다!' 라는 뜻이 됩니다. talk를 사용할 때는 '상대방'이 있다는 것을 전제로 합니다. talk to oneself는 '혼잣말하다'를 의미하는데, '자기 자신을 가상의 상대방으로 놓고 이야기하다' 라는 뉘앙스입니다.

speak

(입으로) 말을 하다

speak의 기본 이미지는 '입을 열어 말하는 것'으로, '상대방과의 의사소통'은 중요하지 않습니다. I spoke at a conference는 '회의에서 (일방적으로) 말을 했다' ➡ '회의에서 연설을 했다'는 의미입니다. speak를 명사형으로 만들면 speech(연설)가 되니, 이미지를 떠올리기가 한층 쉬울 것입니다.

talk / speak
를 사용한 표현

talk big
득의양양하게(자랑스럽게) 이야기하다 / 허풍을 떨다

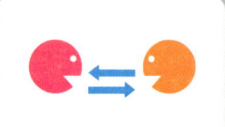

기본 이미지가 '누군가와 대화하다'인 talk를 사용해 talk big이라고 하면 '주위 사람들에게 큰 이야기를 하다' ➡ '득의양양하게(자랑스럽게) 이야기하다'라는 뜻이 됩니다.

자랑이 지나친 나머지 이야기를 크게 부풀리는 경우가 종종 있는데, talk big은 '허풍을 떤다'는 의미로도 쓰입니다. 한편, '호언장담하다', '큰소리치다' 또한 big을 써서 have a big mouth라고 표현하기도 합니다.

speak English
영어를 말하다

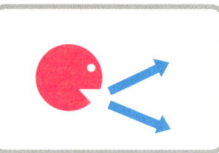

speak의 기본 이미지는 '입으로 말을 하다'이므로, 상대방에게 전달하는 내용과 상관없이 '입으로 말을 하는 능력' ➡ '언어능력'을 나타낼 때도 사용합니다. speak English는 '영어라는 말을 입으로 하다' ➡ '영어를 말하다(능력이 있다)'라는 뜻입니다. Do you speak English?는 '당신은 영어를 말합니까?' ➡ '영어를 말할 줄 압니까?'를 의미합니다. talk는 어떤 언어로 말하는지가 아니라 내용 자체가 중점이 되므로 talk English라고는 하지 않습니다.

talk / speak
구분하기

talk in front of everyone
speak in front of everyone

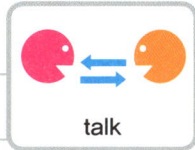

모두의 앞에서 이야기하다

talk는 '상대방의 존재를 전제로 하는' 동사입니다. talk in front of everyone은 이를테면 토론회와 같이 여러 사람이 단상에서 청중을 앞에 두고 말하는 경우에 사용합니다. 또는 한 명이 단상에 서더라도 참가자들과의 '대화'가 이루어짐을 의미합니다. speak in front of everyone은 '대화'가 아니라 '혼자서 말하는', 즉 '연설하는' 경우에 쓰입니다.

"You talk to him. You speak his language."
'네가 얘기해. 저 언어 할 줄 알잖아.'

미국인 형사가 당코 경감(슈워제네거 분)에게 '상대는 러시아인이니까 러시아 사람인 네가 얘기해 봐'라고 지시하는 장면입니다. 이렇게 '상대방과의 대화'가 중요한 경우에는 talk, 그리고 '언어(능력)'에 대해 말하는 경우에는 speak를 사용합니다.

▶ 영화 〈레드 히트〉(1988)

Lesson 6

hear / listen to

안 들립니다!

hear과 listen to의 구분에서 중요한 것은 '의식적으로 듣고 있는지 아닌지'입니다. 74쪽의 look at과 see의 구분과 유사합니다.

hear ~

~가 귀에 들어오다

hear의 기본 이미지는 '(소리가) 귀에 들어오다'입니다. 상대방이 하는 말의 '내용'이 아니라, 듣는 대상을 순수하게 '소리'로 받아들이는 경우에 쓰는 표현입니다. I can't hear you!는 '내용이 귀에 들어오지 않는 것'이 아니라 '상대방이 말하는 소리가 귀에 들어오지 않는다' ➡ '안 들린다 / 들을 수 없다'라는 뜻입니다.

listen to ~

~에 귀를 기울이다

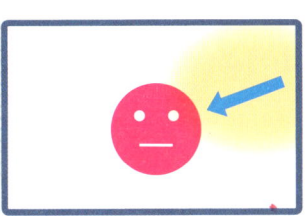

listen to ~의 기본 이미지는 '(들어야 할 내용에) 귀를 기울이는' 것입니다. to는 '방향'을 나타내기 때문에 '음악을 듣다', '상대방이 발언하는 내용을 듣다' 등 '의식적으로 그 방향에 귀를 기울이는' 경우에 사용합니다. I can't listen to you!는 '네 이야기를 듣고 있을 수 없어!'라는 상당히 무례한 말이 됩니다.

hear / listen to
를 사용한 표현

hear of ~
~의 소문을 듣다

hear(귀에 들어오다)에 '~에 관한 것'이란 뜻의 of를 붙인 hear of ~는 '~에 관한 것이 귀에 들어오다' ➡ '얼핏 듣다', '~의 소문을 듣다'를 의미하는 숙어입니다. I think I've heard of it은 '그 얘기라면 소문으로 얼핏 들은 적이 있어'라는 의미입니다.

비슷한 표현인 hear about ~은 '~에 대해 자세히 듣다'라는 뜻입니다.

listen to one's heart
진심을 확인하다

직역하면 '마음속 이야기를 듣다'가 됩니다. 즉, '진심을 확인하다'를 의미합니다. Why don't you listen to your own heart '스스로의 진심을 확인해 보면 어떨까'와 같이 쓸 수 있습니다.

한편, The doctor listened to her heart with a stethoscope '의사는 청진기로 그녀의 심장박동을 들었다'와 같이 문자 그대로의 의미로 쓰이기도 합니다.

hear / listen to
구분하기

hearing test
listening test
청력검사 / 듣기 시험

hear은 '소리가 자연스럽게 귀에 들어오다'이므로, hearing test는 '들리는지 여부를 조사하는 테스트' ➡ '청력검사'를 의미합니다.

영어 시험 중 하나인 '듣기 시험'은 '내용을 잘 들을 수 있는지'를 확인하는 것이므로 hear이 아닌 listen (to)을 써서 listening test라고 표현합니다.

What do you wanna hear?
'어떤 노래 듣고 싶어요?'

인기 가수의 라이브 공연에서 자주 등장하는 표현입니다. '자, 어떤 노래 듣고 싶어요?'라며 관객들을 향해 외치곤 하지요. '단어'가 아닌 '소리'로서의 노래를 의미하는 것이므로, listen to가 아닌 hear을 사용하는 것입니다.

think / feel

너는 어떻게 생각해?

think는 '머리로 생각할 때' 사용하고 feel은 '논리에 상관없이 생각하다', '그렇게 느끼다'를 나타낼 때 사용합니다.

How do you think?

머리를 쓰라고!

think의 기본 이미지는 '머리로 생각하는 것'입니다. 직감이나 '어림짐작' 등이 아니라, 어느 정도의 논리성을 갖고 '생각하는' 경우에 사용합니다. 따라서 How do you think?라고 하면 '어떠한 방법을 써서 생각하니?' ➡ '머리 좀 쓰라고!'처럼 실례되는 표현이 됩니다.

How do you feel?

어떻게 생각하나요?

feel은 '머리보다 마음으로 느끼는 것'이 기본 이미지입니다. 특별한 근거 없이 '왠지 모르게 그렇게 느낀다'는 뉘앙스가 있습니다. How do you feel?은 '일단 직감적으로 어떻게 생각하는지 알려 줘'라며 솔직한 의견이나 감상을 물을 때 사용합니다. 한편, '~에 대해서 어떻게 느낍니까?'는 How do you feel about~?입니다.

think / feel
구분하기

What do you think?
What do you feel?

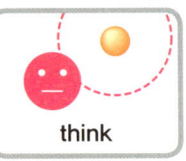

어떻게 생각합니까? / 어떻게 느낍니까?

'머리로 생각하는' think는 주로 What do you think?의 형태로 쓰입니다. '어떻게 생각합니까?'라며 상대방의 생각을 묻는 표현이지요. 한편, What do you feel?은 '어떻게 느낍니까?'를 의미하는데, 구체적으로는 다음과 같이 사용합니다.

의사: **What do you feel?**   "어떤 느낌인가요?"
환자: **My back is killing me.**   "등이 아파 죽을 것 같아요."

What ~?을 써서 '어떠한 통증을 느끼고 있는가'를 표현하고 있습니다. How do you feel?과 같이 상대방의 의견이나 감상을 묻기보다는, '통증'이나 '불편함' 같은 보다 '구체적인 느낌'을 물을 때 사용합니다.

• **What do you think?**

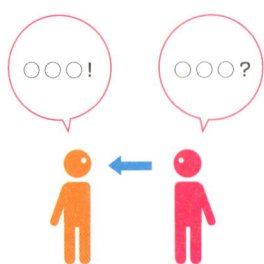

• **What do you feel?**

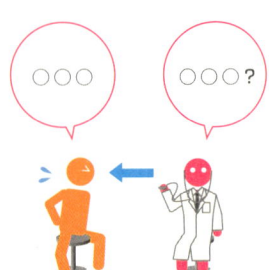

think
를 사용한 표현

Think before you speak.
차분하게 잘 생각한 뒤에 말하렴.

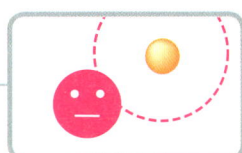

　think는 직감적인 판단이 아니라 제대로 '머리로 생각하는 것'이 기본 이미지이므로, Think before you speak '차분히 잘 생각한 뒤에 말하라'는 상대방에게 조언하는 표현이 됩니다. Think before you act는 '잘 생각해서 행동하시오'라는 의미입니다. 비슷한 표현으로는 Think twice before ~ '~하기 전에 두 번 생각하시오' ➡ '잘 생각해서 ~하시오'가 있습니다.

작품으로 공부하기

"Don't think. Feel."
'생각하지 말고 느껴 봐.'

이소룡이 무술을 가르친 소년에게 How did it feel to you?, '(찼을 때 느낌이) 어땠니?'라고 묻는 대목입니다. 소년이 Let me think …, '그러니까…'라고 말하자 이소룡은 '논리가 아니야, 몸으로 느끼는 게 중요해!'라며 이 명대사를 말합니다.

▶ 영화 〈용쟁호투〉(1973)

know / understand

나는 잘 모르겠어…

'지식으로서 알고 있는' 경우에는 know, '이해할 수 있을 때'는 understand를 사용합니다. 둘 다 한국어로는 '알다'라고 번역되기 때문에 어렵게 느껴질 수 있습니다.

✓ Image Check!

I don't know ~

~를 알지 못하다

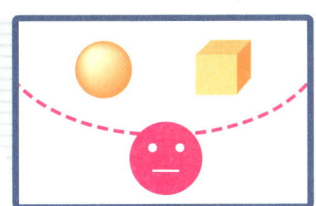

　know의 기본 이미지는 '정보나 사실을 갖고 있는 상태'입니다. I don't know anything 은 '정보를 갖고 있지 않다' ➡ '(그것에 대해서는) 아무것도 알지 못하다'라는 의미입니다. know의 명사형은 knowledge(지식)로, know는 '지식(knowledge)을 갖고 있으므로 알 수 있다'는 뜻의 동사입니다.

I don't understand ~

~를 이해하지 못하다

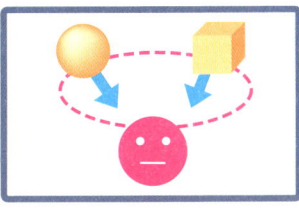

　understand의 기본 이미지는 '머릿속에 정보나 사실 등이 들어오는 동작'입니다. I don't understand anything은 '눈앞에 제시된 정보를 어느 하나 머릿속에 넣을 수 없다(전혀 머리에 들어오지 않는다)' ➡ '(의미나 좋은 점을) 알지 못하다 / 이해하지 못하다'라는 의미입니다.

know / understand
구분하기

I know.
I understand.

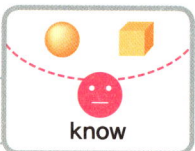

나도 압니다.

둘 다 '압니다'라며 상대방의 발언에 맞장구치는 표현입니다. '정보나 사실을 갖고 있는 상태'인 know의 기본 이미지를 생각해 볼 때, I know는 '당신의 정보나 사실을 나 또한 가지고 있습니다' ➡ '나도 압니다'라는 뜻이 됩니다. 다만 '그런 것쯤은 알고 있으니까 말 안 해도 돼'라는 차가운 느낌도 줄 수 있으므로 주의합시다. Don't tell me that(➡ 85쪽)과 유사한 뉘앙스입니다.

한편, I understand는 '당신의 정보나 사실이 머리에 확실하게 들어옵니다' ➡ '이해합니다'라는 뜻입니다. 화자가 기존에 알던 정보이든 아니든 '응, 나도 알아', '맞아!'라는 맞장구로 자신이 이해하고 있음을 상대방에게 나타내기 위해 쓰는 표현입니다.

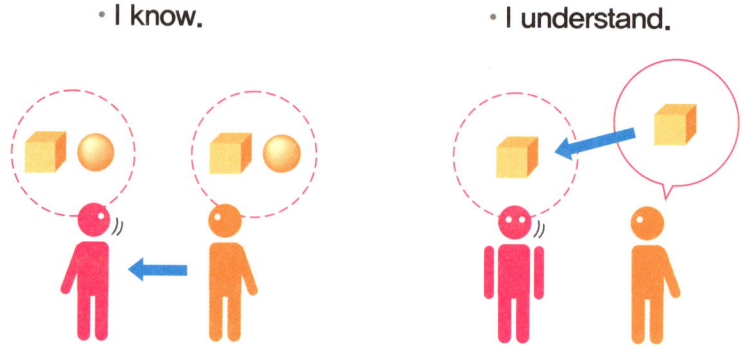

know
를 사용한 표현

know the ropes
방법을 알고 있다

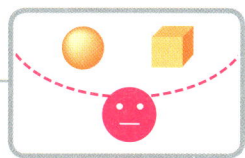

여기서 ropes(밧줄)는 배에서 쓰는 밧줄을 말합니다. 돛이 달린 배를 움직이기 위해서는 여러 종류의 밧줄을 조작해야만 하는데요. know the ropes는 배의 조종에 필요한 밧줄 사용법에 관한 '지식을 가지고 있다'입니다. 여기서 생겨난 의미로 '요령을 알고 있다', '사정에 밝다' 등으로 사용하게 되었습니다.

"I don't know. I don't understand…"
'글쎄, 잘 모르겠어.'

주인공의 대사입니다. '왜 이런 격투가 이루어지고 있는지 이유를 모르겠어, 아무리 생각해도 이해할 수 없어'라는 뜻이지요. '도무지 짐작이 가지 않는다'라고 말할 때 I don't know와 I don't understand를 이어서 말하는 경우가 많습니다.

영화 〈파이트 클럽〉(1999)

study / learn

영어를 정복했다고!?

'learn 하기 위해 study 하는 것'은 가능하지만 'study 하기 위해 learn 하는 것'은 불가능합니다. 두 단어의 차이를 살펴봅시다.

꿈결 도서목록 2017

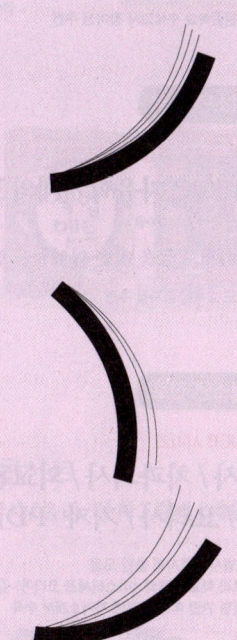

청소년 진로 · 인문

청소년 학습 · 진학 · 진로

서울시
영등포구 당산로 50길 3
꿈을담는빌딩 6F
Tel 1544-6533
Fax 02-749-4151

주식회사 꿈결은 ㈜꿈을담는틀의
자매회사입니다.

🧪 환경·과학

생각하는 십대를 위한 환경 교과서

지구가 뿔났다
지구를 지켜라

★ 환경부 우수환경도서
★ 한국출판문화산업진흥원 청소년권장도서
★ 한국과학창의재단 우수과학도서

🧪 환경·과학

생각하는 십대를 위한 환경 교과서

에코 사전

과학에서 찾은 일상의 기원

친절한 과학책

★ 세종도서 교양부문 선정도서

🧪 과학

정식 한국어판

NEW 재미있는 물리 여행

루이스 캐럴 엡스타인 지음 | 강남화 교수와 현직 교사들 옮김 | 616쪽 | 22,000원

과학고·영재고 학생들이 제본해서
돌려 읽은 바로 그 책!
국내 100만 부 이상 판매된 베스트셀러 정식 계약 출간

⚓ 청소년 진로

십대를 위한 롤모델 시리즈

이순신 이야기
빌 게이츠 이야기
유일한 이야기

책을 통해 만나는 십대와 롤모델

study English
영어를 공부하다

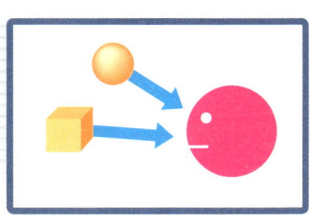

study의 기본 이미지는 '공부라는 행위를 실제로 하는 것'입니다. 따라서 지식이나 기능의 습득 여부는 상관이 없습니다. 예를 들어 study for an exam '시험공부를 하는 행위'를 아무리 열심히 하더라도 확실히 합격한다는 보장은 없지요. 문제를 풀거나, 수업을 듣거나, 사전을 찾는 행위 자체가 바로 study 입니다.

learn English
영어를 익히다

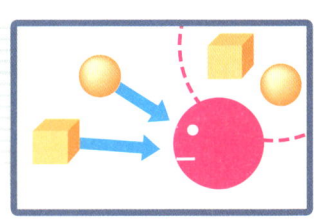

learn의 기본 이미지는 '무언가를 익히다' 로, '공부하는 행위'가 아닙니다. 익히는 대상은 '지식'이나 '기능'입니다. '그 기능을 습득하다'라는 의미이므로, I just learned English last night이라고 하면 '바로 어젯밤 영어를 완벽히 구사하게 되었다'와 같이 들리는 것입니다.

study / learn
을 사용한 표현

study hard
열심히 공부하다

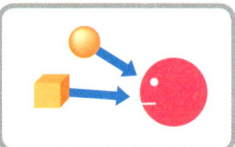

hard는 '열심히'라는 뜻의 부사이므로 study hard는 '열심히 공부하다'라는 뜻이 됩니다. 구체적으로 무언가를 습득하는 것이 아니라 그저 공부라는 행위에 힘을 쏟는다는 말입니다. Even though he studied really hard, he failed '필사적으로 공부했음에도 그는 낙제했다'와 같이, study가 뜻하는 '공부하는 행위'는 결과를 좌우하지 않는다는 사실을 기억하도록 합시다.

learn ~ the hard way
힘든 과정을 거쳐 ~를 알다 / 힘겨운 방법으로 ~를 익히다

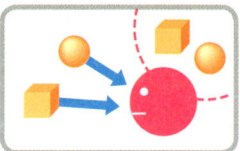

the hard way는 '힘든 방법으로'라는 뜻입니다. '그 밖에도 여러 가지 방법이 있지만 힘든 방법을 통해 ~를 익히다'라는 뉘앙스입니다.

예를 들어 I learned the hard way that raising kids isn't easy는 '육아가 쉽지 않다는 지식을 힘든 방법으로 익혔다' ➡ '육아의 어려움을 몸소 알았다'라는 의미입니다. I learned a lesson the hard way는 '실제로 힘든 경험을 해서 어떤 교훈을 얻었다'라는 뜻입니다.

study / learn
구분하기

how to learn more by studying less

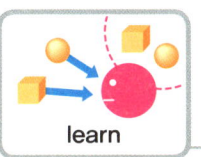
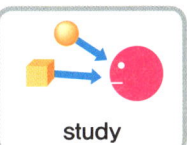

더 적게 공부하고 더 많이 익힐 수 있는 방법

study는 '공부라는 행위를 실제로 하다'이므로 by studying less는 '실제 공부하는 시간을 줄임으로써'라는 의미입니다. learn은 '무언가를 익히는 것'이므로 how to learn more는 '보다 많이 습득하다'라는 뜻입니다. 따라서 '공부 시간을 줄임으로써 보다 많이 익힐 수 있다' ➡ '공부 양을 줄이면 학습 효과가 오릅니다. 이런 것도 가능합니다!'라는 솔깃한 내용이 되는 것입니다.

Quiz

~에 들어갈 말은 studying? learning?

My son is _____ to ride a bicycle.

'아들은 자전거 타는 법을 배우고 있습니다.'

자전거를 타는 '기술의 습득'을 의미하므로 learn을 사용합니다. 이렇게 learn to ~를 써서 learn to drive, '운전 기술을 습득하다'나 learn to play the piano, '피아노 치는 법을 배우다' 등 여러 '기술의 습득'을 표현할 수 있습니다.

[정답] learning

Lesson 10

teach / tell

일요일에는 한가합니다

'가르치는 내용'과 '전문성의 유무'가 teach와 tell을 구분하는 중요한 기준입니다. 간단한 것에 teach를 사용하면 굉장히 어색해집니다.

teach ~ that …

~에게 …를 (전문적으로) 가르치다

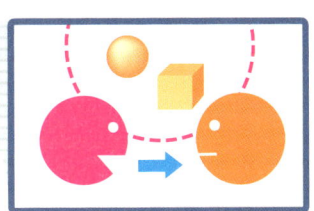

teach의 기본 이미지는 '전문적인 지식을 가르치는 것'입니다. 공부나 기술, 혹은 스포츠나 무술 등을 가르칠 때 사용하는 동사입니다. '일요일은 한가하다'라는 단순한 정보를 전달하는 데 '전문적 지식의 전수'를 의미하는 teach를 쓰는 것은 원어민이 듣기에 '과장'된 표현으로, 매우 이상하게 들립니다.

tell ~ that …

~에게 …라고 전하다

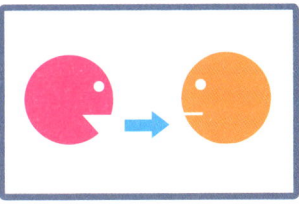

tell의 기본 이미지는 '누군가에게 (단순한) 정보를 전달하다'입니다. 단순히 '일요일은 한가하다'는 정보를 전달할 때는 tell을 사용하는 것이 자연스러우며, 만화 속 상황에서도 She told me that …으로 충분합니다. 일어났던 일을 전하거나 길을 안내하는 등 말로 간단히 설명하는 정도로 알려 줄 때는 tell을 사용합니다.

tell
을 사용한 표현

I can tell you ~.
말하자면 ~입니다.

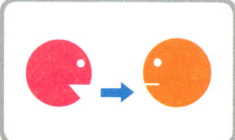

'누군가에게 (단순한) 정보를 전하다'라는 기본 이미지를 지니는 tell을 사용해서 I can tell you ~라고 하면 '나는 당신에게 ~를 전할 수 있다' ➡ '말하자면 ~입니다'라며 무언가를 '단언'하거나 '털어놓다'라는 의미가 됩니다. I can tell you that it's not true '사실 그건 진실이 아니에요'나 I can tell you I'm scared to death '솔직히 말해서 엄청 무서워요' 와 같이 씁니다.

• '말하다'를 나타내는 동사들

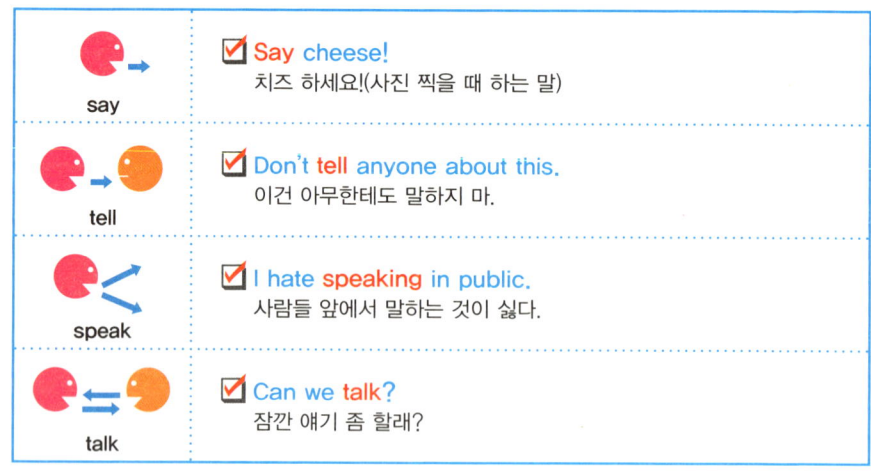

say	☑ **Say cheese!** 치즈 하세요!(사진 찍을 때 하는 말)
tell	☑ **Don't tell anyone about this.** 이건 아무한테도 말하지 마.
speak	☑ **I hate speaking in public.** 사람들 앞에서 말하는 것이 싫다.
talk	☑ **Can we talk?** 잠깐 얘기 좀 할래?

teach / tell
구분하기

Who **taught** you ~?
Who **told** you ~?
누가 너에게 ~를 알려 주었니?

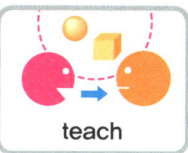
teach

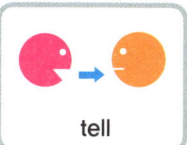
tell

Who taught you ~?는 Who taught you English(how to dance)? '누구한테 영어(춤)를 배웠어?'처럼 전문적인 지식이나 기술인 경우에 쓰입니다.

Who told you ~?는 Who told you that? '누가 너에게 그걸 전해 주었어?' ➡ '대체 누가 그런 말을 한 거야?'처럼 '정보의 출처'를 확인할 때 사용합니다.

Quiz
~~~에 들어갈 말은 teach? tell?

Could you _____ me how to play the violin?
바이올린 연주하는 법을 가르쳐 주시겠어요?

바이올린 켜는 법을 말로만 간단히 가르치는 것은 불가능합니다. 바이올린 연주라는 고도의 기술을 배워야 하기 때문에 tell이 아닌 teach를 사용합니다. 한편, how를 생략하고 Could you teach me to play the violin?처럼 표현할 수도 있습니다.

[정답] teach

put on / wear

이런 곳에서 옷을 갈아입어!?

몸에 걸치는 '동작'을 나타내는지, 몸에 걸치고 있는 '상태'를 나타내는지의 차이가 바로 put on과 wear를 구분하는 기준입니다.

오늘 케이트 씨와의 점심… 긴장된다…

띠리리…

수현 씨! 사람이 너무 많아서 찾기가 힘든데 어떤 옷 입고 있어요?

I'm putting on a blue shirt.
('저 파란 셔츠 입고 있어요'라고 하려던 것)

Putting!? 설마 이런 곳에서 옷 갈아입는 거야!? 돌아갈까…

여보세요, 케이트 씨~?

put on a blue shirt

파란 셔츠를 몸에 걸치다

　put은 '움직여서 놓다'(➡ 57쪽), on은 '접촉하고 있는 것'이므로 put on의 기본 이미지는 '(옷 등과) 접촉한 상태에 있다' ➡ '몸에 걸치다'입니다. 몸에 걸치는 '동작'을 나타내므로, I'm putting on a blue shirt라고 하면 '지금 파란 셔츠를 입으려 한다(옷을 갈아입고 있다)'라는 의미가 되어 버립니다.

wear a blue shirt

파란 셔츠를 입고 있다

　wear의 기본 이미지는 '(옷 등을) 몸에 걸치고 있는 상태'입니다. I'm wearing a blue shirt는 '파란 셔츠를 입고 있다'라는 뜻입니다. 또 I wore my favorite dress to the party '좋아하는 드레스를 입고 파티에 갔다'처럼 '(옷 등을) 입고 나가다'라는 의미도 있습니다.

put on/wear
를 사용한 표현

put on makeup
화장하다

put on의 기본 이미지인 '몸에 걸치다'는 복장 외에도 사용할 수 있습니다. I need to put on makeup before going out은 '나가기 전에 화장해야 해'라는 뜻입니다.

그 밖에도 put on weight '무게를 몸에 걸치다' ➡ '체중이 늘다', put on airs '독특한 분위기(airs)를 몸에 걸치다' ➡ '거드름 피우다' 등의 표현이 있습니다.

wear one's hair long
긴 머리를 하고 있다

wear 역시 '몸에 걸치고 있는 상태'라는 의미로, 복장 외에 사용할 수 있습니다. wear one's hair long '긴 머리카락을 몸에 걸치고 있다' ➡ '머리카락이 길다'는 뜻입니다.

또 wear a mustache '콧수염을 기르고 있다'나 wear a bored face '지루한 얼굴을 하다'처럼 '수염'이나 '표정'에 대해서도 쓸 수 있습니다. 머리카락, 수염, 표정은 벗을 수가 없기 때문에 '(일시적으로) 몸에 걸치는 것'이 불가능합니다. 따라서 put on은 쓸 수 없습니다.

put on / wear
구분하기

You should **put on** your coat.
You should **wear** your coat.

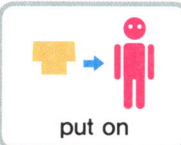

코트를 입는 게 좋을걸.

둘 다 맞는 표현이지만 뉘앙스가 약간 다릅니다. '몸에 걸치는' put on 을 사용하는 경우, '(밖이 추우니까 지금 여기서) 코트를 입으라'는 뜻입니다.

그리고 '몸에 걸치고 있는 상태'인 wear를 사용하면 '(밖이 추우니까 밖에 나갈 때는) 코트를 입은 상태로 있어라' ➡ '코트를 입으라'는 뜻이 됩니다.

"Put this on." "I don't want to wear your jacket."
'자, 이거 입어.' '네 재킷은 입고 싶지 않아.'

내기 시합의 세계에 발을 들인 주인공. 수행원이 '복장 제대로 갖춰'라고 말하듯 자신의 겉옷을 입게 합니다. Put this on은 '지금 여기서 몸에 걸치는 것', 그리고 I don't want to wear your jacket의 wear는 결투 시 '몸에 걸치고 있는 것'을 의미합니다.

▶ 영화 〈컴 아웃 파이팅〉(2009)

Lesson 12

finish / end

오늘은 여기서 끝내자…

'끝까지 해낸다는 느낌'인지, 아니면 '억지로 끝내 버리는 것'인지 뉘앙스의 차이에 주목합시다.

대학 축제 준비 중

Let's finish decorating!
(장식을 빨리 완성하도록 합시다!)

응? 오빠가 문자를…

얘들아 미안…
I'm afraid it's time to end it for today.
(오늘은 여기서 끝내는 게 좋겠어…)

✓ Image Check!

finish ~
~를 완성하다

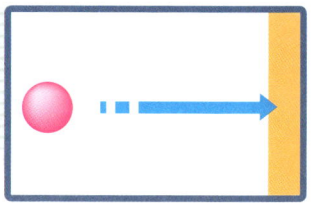

finish의 기본 이미지는 '마지막까지 완벽하게 끝내다'입니다. '도중에 억지로 끝내는' 것이 아니라 '제대로 절차를 밟아서 완성한다'는 의미입니다. 말할 때 다른 사람이 끼어들 경우, Let me finish! / Let me finish what I was going to say! '끝까지 말 좀 하자!'라고 할 수 있습니다.

end ~
~를 일단락 짓다

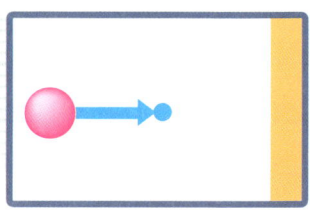

end의 기본 이미지는 '의도와 다르게 도중에 끝내다'입니다. We had to end our relationship은 '우리는 관계를 끝내야만 했다' ➡ '(남녀가) 헤어졌다'는 의미입니다. 이렇게 end에는 화자의 안타까운 감정이 종종 포함됩니다.

finish / end
를 사용한 표현

be finished
끝장이 나다

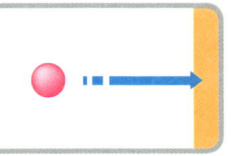

finish는 '끝까지 확실하게 끝내는 것'이므로 '최종 국면을 맞이하다' ➡ '최후의 일격을 가하다'라는 뜻이 됩니다. 권투 시합 등에서 들을 수 있는 Finish him!은 '녀석에게 일격을 가해!'라는 말입니다.

이 finish를 수동태로 바꾼 be finished는 '최후의 일격을 당했다' ➡ '마지막 순간이다'라는 뜻으로, He was finished as a guitarist '기타리스트로서 그의 삶은 끝났다'와 같이 쓰입니다.

end up ~
결국 ~가 되다

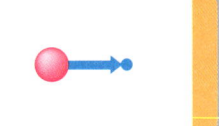

'의도와 달리 도중에 끝낸다'는 기본 이미지를 지니는 end를 써서 end up ~ 이라고 하면 '최종적으로 ~가 되어 버리다' ➡ '결국 ~가 되다'라는 뜻입니다. The company ended up being acquired는 '그 회사는 결국 인수되었다'라는 의미입니다. 한편, He grew up in a poor family but ended up a billionaire '그는 가난한 집에서 자랐지만 결국에는 억만장자가 되었다'와 같이 해피엔딩(a happy ending)에 대해서도 쓸 수 있습니다.

finish / end
구분하기

finish line
end line
마라톤 등의 결승선 / 엔드라인

레이스를 도중에 포기하지 않고 '마지막까지 완주한 결과를 나타내는 라인', 즉 마라톤 등의 '결승선'을 finish line(또는 finishing line)이라고 합니다.

한편, end에는 '가장자리'라는 의미가 있기 때문에 end line(엔드라인)은 농구나 축구 등의 경기장에서 길이가 짧은 가장자리를 가리킵니다. 긴 가장자리는 side line(사이드라인)입니다.

작품으로 공부하기

"Cause We've Ended As Lovers"
'연인인 채로 끝났으니까'

Jeff Beck의 대표곡 중 하나로, 직역하면 '우린 연인인 채로 관계가 끝났으니까'입니다. '도중에 끝나다'를 의미하는 end를 쓰니 '아직 사랑하고 있다' 또는 '포기하기 힘들다'라는 뉘앙스가 느껴집니다.

🎵 노래 〈Cause We've Ended As Lovers〉(1975)

get up / wake up

일어나긴 했는데…

한국어의 경우 '잠에서 깨는 것'과 '일어나서 활동을 시작하는 것' 모두 '일어나다'라고 표현하지만 영어에서는 이를 엄격하게 구분해서 씁니다.

아악~! 지각이다~!

허겁 지겁

You said you need to get up at 5:00.
(5시에 일어나야 한다고 했잖아.)

기껏 깨웠는데 꼼짝도 하지 않았어.

I actually woke up at 5:00.
(저 사실 5시에 일어났어요.)
그런데…

다시 잔 거잖아!

버럭

죄…죄송해요! 다녀오겠습니다!

get up
기상하다

　up은 '일어섰다' ➡ '일어났다'라는 뜻의 부사입니다. get up은 '일어난 상태가 되다' ➡ '기상하다'라는 뜻이 됩니다. get up의 기본 이미지는 '침대에서 나와 하루의 활동을 시작하다'입니다. 침대에서 일어난 시점부터 'get up한 상태'라고 할 수 있습니다. 단순히 눈을 뜬 것만으로 'get up했다'라고는 말하지 않습니다.

wake up
잠에서 깨다

　wake up은 '수면을 마치고 잠에서 깨는 것'이 기본 이미지입니다. 아직 침대에서 일어나기 전, 단순히 '잠이 깨서 눈을 뜨는 것'을 의미합니다. 또 wake up은 '(사람을) 깨우다'라는 뜻도 있으며, Could you wake me up at 5:00? '5시에 깨워 줄래요?'처럼 쓸 수 있습니다.

get up/wake up
을 사용한 표현

get up on the wrong side of the bed
아침부터 기분이 안 좋다

'평소와는 다른 쪽(wrong side)으로 일어나면 재수가 나쁘다'라는 로마 시대의 미신에서 유래한 표현으로, '아침에 기분이 안 좋다'는 뜻입니다.

Why does our boss keep yelling at others? Did he get up on the wrong side of the bed? '우리 보스는 왜 주변 사람들한테 계속 소리치는 거야? 아침부터 기분이 안 좋은가 보네?'와 같이 일반적으로 과거형이나 현재완료형으로 쓰입니다.

wake-up call
모닝콜

한국어로는 '모닝콜'이라고 말하지만, 영어권에서는 통하지 않는 말입니다. 영어로는 wake-up call이라고 합니다. '잠을 깨기(wake up) 위한 전화'이지요. '7시에 모닝콜을 부탁합니다'는 I'd like a wake-up call at 7:00이라고 표현합니다. 한편, wake-up call에는 '사람의 잠을 깨우는 소식' ➡ '경종 / 긴급한 주의'라는 의미도 있습니다.

get up / wake up
구분하기

I usually **wake up** at 6:00, but
I don't actually **get up** until 6:30.

보통 6시에 잠에서 깨지만,
6시 반까지는 침대에 누워 있다.

wake up '잠에서 깨다'와 get up '기상하다'가 갖는 각각의 기본 이미지 차이를 강조하기 위해 '사실은'을 뜻하는 actually를 쓸 수 있습니다. 이들과 비슷한 표현으로 go to bed와 go to sleep이 있습니다. go to bed는 단순히 '잠자리에 들다/취침하다', go to sleep은 '잠자리에 누워서 잠이 들다'를 의미하며 '실제로 잠들었는지 여부'에 따라 구분하는 표현입니다.

"Get up. Wake up, baby."
'일어나! 눈을 떠! 아들아.'

거리에서 불량배의 습격으로 목숨을 잃은 주인공의 친구 릭키. 그의 어머니는 아들의 죽음을 인정하지 못한 채 차갑게 식어 버린 아들에게 '얼른 일어나! 자고 있는 거지? 잠에서 깨란(눈을 뜨란)말이야!' 하고 외칩니다.

▶ 영화 〈보이즈 앤 후드〉(1991)

Lesson 14

smile / laugh

나한테 미소 지었어!

'미소', '폭소', '조소' 등 다양한 웃음이 존재하는데요. 영어에서도 마찬가지입니다. smile과 laugh의 가장 큰 차이는 '목소리'의 유무입니다.

smile

(소리 없이) 미소 짓다

smile의 기본 이미지는 '방긋 하고 미소 짓다'입니다. 기쁜 표정 또는 즐거운 표정을 하며 입꼬리를 올리고 이를 살짝 드러내는 웃음으로, 소리는 내지 않습니다. 이러한 '미소'를 사람에게 지을 때는 smile at ~ '~에게 미소를 짓다'라는 표현을 사용합니다. 한편, smiling face는 '웃는 얼굴'을 의미합니다.

laugh

(소리 내서) 웃다

laugh의 기본 이미지는 '소리를 내서 웃다'입니다. 얼굴로 웃는 것뿐만 아니라 상대방을 손으로 가리키는 등 온몸을 사용하면서 웃을 때에도 쓰는 표현입니다. laugh at a joke '농담을 듣고 웃다'처럼 '재미있어서 웃는 것' 외에 Don't laugh at me! '비웃지 말라고!'와 같이 '조소하다'라는 의미도 있습니다.

smile / laugh
를 사용한 표현

smile and nod
그저 웃으며 끄덕이다

nod는 '고개를 위아래로 흔들다/끄덕이다'로 smile and nod는 '얼굴에 웃음을 띠고 끄덕이는 것'을 의미합니다. All we could do was just smile and nod는 '모두 그저 웃으며 끄덕일 수밖에 없었다'라는 뜻으로, '상대방의 이야기를 이해하지 못한다'는 뉘앙스가 들어 있습니다. 이렇게 '무슨 말인지는 모르지만 일단 웃고 보는' 혹은 '상대방의 이야기를 건성으로 듣는' 경우에 쓰이는 표현입니다.

laugh about ~
~를 웃어넘기다

laugh about ~은 '~에 대해 소리를 내서 웃다' ➡ '~를 웃어넘기다'라는 뜻입니다. I'm so happy I can laugh about it now는 '(당시에는 힘들었지만) 지금은 웃어넘길 수 있어 다행이다'를 의미합니다.

It's nothing to laugh about은 '웃을 일이 아니야!'가 됩니다. 한편, laugh at oneself는 '스스로를 향해 웃다' ➡ '자신의 실패 등을 웃어넘기다'라는 뜻입니다.

smile / laugh
구분하기

laugh without smiling
웃고 있지만 얼굴은 웃지 않는다

smile의 기본 이미지는 '방긋 미소 짓다'이므로 '웃는 얼굴을 하다'를 의미합니다. laugh는 '소리 내서 웃다'이므로 laugh without smiling은 난감한 상황에서 '웃음기 없는 얼굴로 웃는 소리를 내다' ➡ '웃고 있지만 실제론 웃지 않는다'는 뜻이 됩니다.

Quiz

'박장대소'는 어느 쪽?

A. horse-laugh B. pig-laugh

말이 큰 입을 벌리고 히힝거리는 모습에서 '박장대소'를 horse-laugh라고 말합니다. laugh like a horse에서 '말처럼 웃다' ➡ '큰 소리로 웃다'라는 뜻이 됩니다. 또 belly(배)를 사용한 belly laugh도 '배로부터 웃는 것' ➡ '박장대소'를 뜻하는 말입니다.

[정답] A

borrow / rent

자전거 빌려도 돼?

타인에게 무언가를 빌려주는 경우 borrow나 rent를 사용하는데, '돈을 지불하고 빌리는지 여부'가 이들을 구분하는 기준입니다.

✓ Image Check!

borrow ~

(공짜로) ~를 빌리다

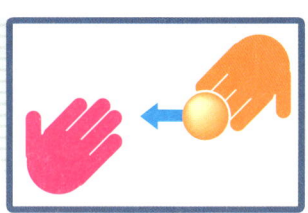

borrow의 기본 이미지는 '돈을 내지 않고 무료로 빌리다'입니다. Could I borrow your dictionary?는 '사전을 빌려도 되겠습니까?' 라는 뜻입니다. 돈을 내고 돈을 빌리지는 않기 때문에 '돈을 빌리다' 또한 borrow를 사용합니다. '~에게 …를 빌리다'는 borrow … from ~입니다.

rent ~

(돈을 내고) ~를 빌리다

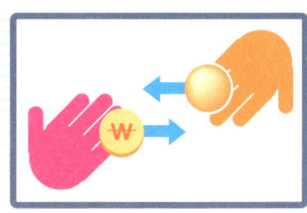

rent는 '돈을 내고 빌린다'는 기본 이미지를 갖고 있습니다. 렌터카(rental car)를 빌리거나 임대료를 지불하고 집을 빌리는 경우 등에 사용됩니다. He rents rooms to students '그는 방세를 받고 학생들에게 방을 빌려준다'와 같이 rent에는 '돈을 받고 빌려준다'는 의미도 있습니다.

borrow / rent
구분하기

borrow DVDs
rent DVDs
DVD를 빌리다

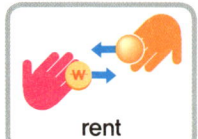

borrow는 '돈을 내지 않고 공짜로 빌리는' 것이므로 borrow DVDs는 '무료로 DVD를 빌리다'입니다. 반면, rent DVDs는 '유료로 DVD를 빌리다'입니다.

따라서 Where can I borrow DVDs? '어디서 DVD를 (무료로) 빌릴 수 있습니까?'라는 질문에는 DVD를 대출해 주는 공공도서관을 알려 주고, Where can I rent DVDs?는 '어디서 DVD를 렌탈할 수 있습니까?'이므로 대여점을 안내해 주면 됩니다.

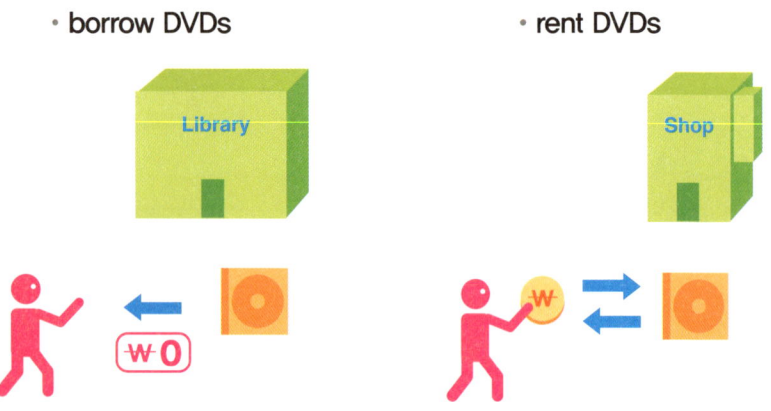

rent
를 사용한 표현

be rented out
대출 중이다

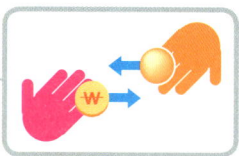

rent에는 '돈을 내고 빌리다' 외에 '돈을 받고 빌려주다'라는 의미도 있습니다. out은 '밖으로'라는 뜻이므로, rent out은 '(외부로) 대출하다'라는 의미의 숙어입니다. 이를 수동형으로 바꾸면 '외부로 대출이 된 상태이다' ➡ '대출 중이다'라는 뜻이 됩니다. This house has been rented out for over 15 years '이 집은 15년 이상 동안 임대된 주택입니다'와 같이 사용합니다.

"But we can borrow, rent or buy used."
'그렇지만 누군가에게 빌리거나 대여하거나 중고를 살 수는 있어.'

지구를 아끼며 살아가는 가족을 그린 영화의 한 장면. '물건을 사지 않는다'는 규칙의 예외로서 '빌리거나 대여하거나 중고를 사는 것은 괜찮다'는 설명을 하고 있습니다. '공짜로 타인에게 빌리는 것'과 '돈을 지불하고 빌리는 것'을 borrow와 rent로 구분하고 있습니다.

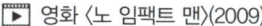 영화 〈노 임팩트 맨〉(2009)

Lesson 16

make / have

쟤가 방 청소를 시켰어…

'시키다'라는 사역동사를 사용할 때 '억지로 ~ 시키다'라는 make의 뉘앙스가 상대방의 오해를 불러일으킬 수 있으므로 주의합시다.

She "made" me clean her room…
(나는 청소하도록 "강요받은" 거야…)
인형이 인질로 잡혀서…

I'll have her apologize for you.
(사과하라고 할게.)

make ~ 동사 원형

~에게 …를 억지로 시키다

　make는 '~시키다'라는 뜻의 사역동사로, '다짜고짜 시키는 것'이 기본 이미지입니다. have보다 강제성이 크며 '의사와는 반대로/마지못해서'라는 뉘앙스가 포함됩니다. 만화에서는 인질로 인형을 빼앗긴 마이크가 '청소할 것을 강요당한' 상황을 보여 주고 있습니다.

have ~ 동사 원형

~에게 …를 시키다

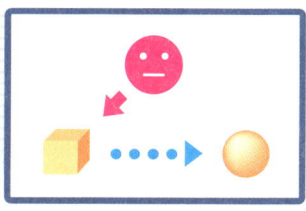

　have는 '~하는 상황으로 만드는 것'이 기본 이미지인 사역동사입니다. 비교적 '간접적인 행위'이므로 강제성이 크지는 않습니다. 상황이나 문맥에 따라 '남이 ~해 주다'라는 뉘앙스도 나타낼 수 있습니다. 만화에서는 강제하는 것이 아니라 '자연스러운 형태로 사죄하도록 한다'는 내용입니다.

make / have
를 사용한 표현

be made to ~
~하도록 시킴을 당하다

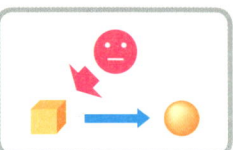

'다짜고짜 시키는 것'이 기본 이미지인 make를 수동형으로 바꾸면 be made (to ~)의 형태가 됩니다. I was made to stand in the hallway '복도에 서도록 강요받았다'처럼 쓰입니다. 이때 to 이하는 반드시 부정사의 형태입니다.

한편, 같은 '시키다'라고 해도 have는 일반적으로 수동태를 취하지 않습니다. have에는 '억지로 시킨다'는 느낌이 없기 때문에 '~당했다'라는 '피해'의 뉘앙스를 나타내는 수동태가 어울리지 않는 것입니다.

Shall I have my son ~?
아들에게 ~ 시킬까요?

강제성이 크지 않은 '시키다' have를 사용한 Shall I have 사람 ~?은 '호의적인 제안'을 나타냅니다. Shall I have my son drive you home? '아들을 시켜서 집까지 차로 모셔다 드릴까요?'와 같이 쓰입니다.

참고로 이 문장을 Shall I make my son drive you home?이라고 하면 '괜찮으시다면, 하기 싫어하는 아들을 억지로 시켜서 데려다 드릴까요?'라는 뜻이 되어버립니다.

make / have
구분하기

I **made** him paint the fence.
I **had** him paint the fence.
그에게 울타리를 칠하게 했다.

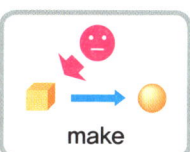

make는 '다짜고짜 시키는 것'이므로 I made him paint the fence는 '하기 싫어하는 그를 꾸짖어서 페인트를 칠하게 했다'와 같은 뉘앙스가 있습니다. I had him paint the fence에는 그가 페인트칠을 하는 것이 '당연'하다는 생각이 있습니다. 그 또한 싫어하지 않는 눈치로, 사실상 '페인트칠을 해 주었다'와 같은 뉘앙스가 됩니다.

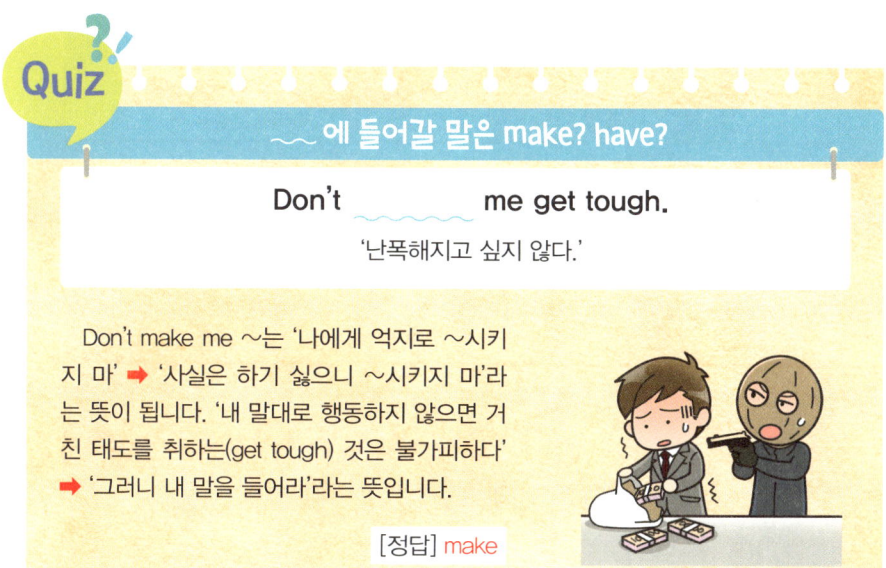

Quiz ~~에 들어갈 말은 make? have?

Don't _____ me get tough.
'난폭해지고 싶지 않다.'

Don't make me ~는 '나에게 억지로 ~시키지 마' ➡ '사실은 하기 싫으니 ~시키지 마'라는 뜻이 됩니다. '내 말대로 행동하지 않으면 거친 태도를 취하는(get tough) 것은 불가피하다' ➡ '그러니 내 말을 들어라'라는 뜻입니다.

[정답] make

get / have

헤어컷 누구한테 받았어?

get과 have는 둘 다 사역동사로 '~받다'를 의미하지만, get을 쓸 때는 조금 주의할 필요가 있습니다.

get my hair cut

머리카락을 잘린 상태로 만들다

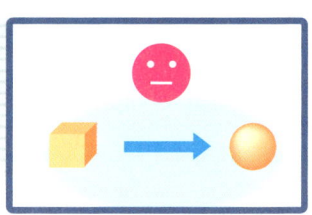

get은 '직접 가지러 가는' 적극성을 포함하기 때문에(➡41쪽), get ~ 과거분사는 수단을 불문하고 '~를 …라는 상태로 만들다'가 기본 이미지입니다. have와 마찬가지로 타인이 해 주는 경우, 스스로 하는 경우 모두 사용할 수 있습니다. I got my hair cut은 '스스로 잘랐다'와 '타인이 잘라 주었다'라는 번역이 모두 가능합니다.

have my hair cut

머리카락을 누군가에게 잘리다

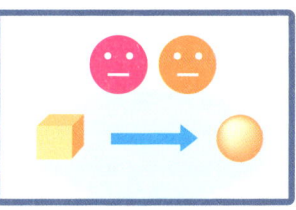

have는 '소유하다'(➡ 49쪽)인데, have ~ 과거분사는 '~가 …된 상태를 갖다' ➡ '~에게 …받다'라는 뜻이 됩니다. 스스로 하는 것이 아니라 다른 사람이 해 주는 경우에 쓰는 표현입니다. I had my hair cut은 '누군가가 내 머리카락을 잘린 상태로 만들어 주었다' ➡ '타인이 잘라 주었다'라는 뜻입니다.

get / have
구분하기

get one's car washed
have one's car washed

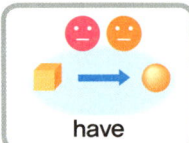

세차를 받다

   사역동사 get ~ 과거분사는 '~를 …라는 상태로 만들다'이므로, 명령문에서는 Get your car washed! '차를 닦인 상태로 만들어!' ➡ '세차 좀 해!'와 같이 '직접 닦는다'는 의미가 됩니다.

   '~에게 …받다'라는 뜻의 have를 써서 have one's car washed라고 하면 '누군가가 차를 닦아 주다'이므로, 예를 들어 Why don't you have your car washed at the gas station? '주유소에서 세차하면 어때?'처럼 쓸 수 있습니다.

· **사역동사 정리**

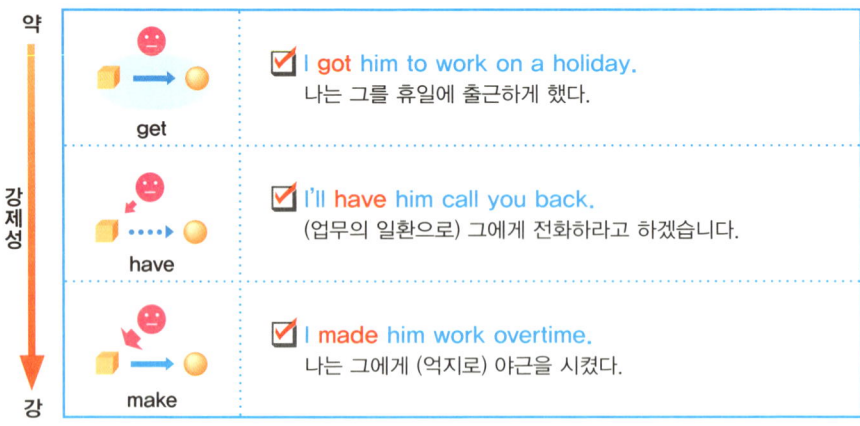

- ☑ **I got** him to work on a holiday.
  나는 그를 휴일에 출근하게 했다.
- ☑ I'll **have** him call you back.
  (업무의 일환으로) 그에게 전화하라고 하겠습니다.
- ☑ **I made** him work overtime.
  나는 그에게 (억지로) 야근을 시켰다.

have
를 사용한 표현

have ~ stolen
~를 도난당하다

'~가 도난당한(stolen) 상태가 되다'라는 뜻입니다. '~에게 …받다'라는 해석 때문에 헷갈릴 수 있지만, 사실 '~받는'을 뜻하는 have는 '피해를 입는' 경우에도 사용합니다.

I have my purse stolen in the crowd는 '인파 속에서 지갑을 도난당했다'라는 피해 상황을 나타냅니다.

"You'll get your head blown off stickin' up one of them!"
'그런 데서 강도짓하면 총알이 머리를 관통할 거야!'

불량 커플 중 남자 친구가 여자 친구에게 '술집에서 강도짓하는 것은 위험하다'고 말한 뒤, 그 이유를 설명하는 장면입니다. blown off는 blow off, '~를 날리다'의 과거분사로, '머리가 날아간 상태가 됨을 당하다'
➡ '머리를 관통당하다'를 의미합니다.

▶ 영화 〈펄프 픽션〉(1994)

자주 쓰는 동사를 활용한 일상 회화 ①

PART 2에 나왔던 동사들도 마찬가지로 하나의 동사가 다양한 쓰임새를 지닐 수 있습니다. 책 속의 예문은 물론, 어떤 상황에서 사용하면 좋을지 기억해 둡시다.

상황 1

I heard you have a cold.
감기 걸렸다고 들었어요.

Yeah, I'm going to see a doctor this afternoon.
네, 오늘 오후에 의사 선생님을 뵐 생각이에요.

I heard ~는 '~를 들었다' ➡ '~라며?'처럼 소문에 대해 이야기할 때 사용합니다. '사람을 만나다'를 뜻하는 see에는 병원 검진 등 특수한 목적으로 사람을 만난다는 의미도 있습니다.

상황 2

I don't want to speak ill of others, but Mary is so mean!
남들 욕하기는 싫지만, 메리는 정말 심술궂은 것 같아!

I see it a different way. She's just too honest.
나는 그렇게 생각하지 않아. 그녀는 단지 너무 솔직한 거야.

speak ill of ~는 '~에 대해 나쁘게 말하다' ➡ '~를 욕하다'를 의미하고, see ~ a different way는 '~에 대해 견해가 다르다'는 뜻입니다. see는 단순히 '보다'뿐만 아니라 '생각하다'라는 뜻으로도 쓸 수 있습니다.

자주 쓰는 동사

PART 3에서는 paint와 draw, choose나 select 등 PART 2보다는 어렵지만 일상 회화에서 빼놓을 수 없는 동사를 다루고 있습니다. 세세한 뉘앙스와 쓰임새의 차이를 익혀 보세요!

paint / draw

그렇게 멋지게 그려 주지 않아도…

paint와 draw는 '그리는 방식'의 차이에 주목해서 봅시다. '칠해서 그릴 때'는 paint, '선으로 그릴 때'는 draw를 사용합니다.

✓ Image Check!

paint a map

(채색이 된) 지도를 그리다

   paint는 '물감을 종이 등에 칠하는 것'이 기본 이미지입니다. 물감과 붓을 사용해 수채화를 그릴 때는 paint를 사용합니다. 유화나 컴퓨터로 색칠하는 등 일정한 면적에 색을 '칠하는' 경우에도 draw가 아니라 paint가 쓰입니다. 한편, '그림용 붓 / 채색용 솔'은 paint brush라고 말합니다.

draw a map

(선으로 된) 지도를 그리다

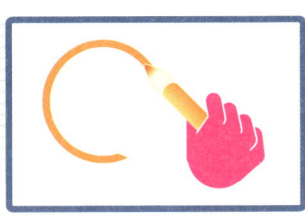

   draw의 기본 이미지는 '선을 긋는 것'입니다. 따라서 draw a map으로 그려진 지도는 '선으로 된 그림'입니다. draw는 draw a curtain '커튼을 끌어당겨서 치다', draw a card '카드를 (당겨서) 빼다' 등 다양한 '당기는 행위'를 나타낼 수 있는데 전부 '선을 긋는' 직선적인 움직임에서 파생된 것입니다.

paint / draw
구분하기

paint an illustration
draw an illustration
일러스트를 그리다

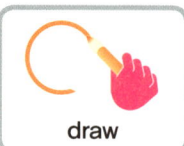

   paint an illustration은 paint의 기본 이미지 그대로 물감이나 잉크 등을 '칠해서' 그릴 때의 표현입니다. draw는 '선을 긋는 것'이므로 draw an illustration은 '선으로 된 그림을 그린다'는 의미입니다. 이 경우 '색칠하지 않은' 그림이 떠오르지만, 색연필이나 크레파스 등 '선을 긋는 도구'로 몇 번씩 선을 그어서 색칠하는 경우에는 draw를 써서 '색칠하는 것'을 표현할 수 있습니다.

- **paint an illustration**

- **draw an illustration**

draw
를 사용한 표현

draw the line
선을 긋다

   draw the line을 직역하면 '선을 긋다'이지만 이때 line은 단순한 '선'이 아니라 '넘어서는 안 될 기준선'을 의미합니다. Where should we draw the line between discipline and violence?는 '훈육과 폭력 사이의 어느 곳에 경계선을 그어야 하는가' ➡ '어디까지가 훈육이고, 어디까지가 폭력인지 어떻게 판단해야 하는가'라는 뜻입니다.

Quiz

paint the town red의 의미는?

A. 마을의 나무에 단풍이 지다.
B. 야단법석을 떨다.

직역하면 '마을을 빨갛게 칠하다'로 '단풍이 마을을 빨갛게 물들이는 모습'을 표현한 아름다운 말이라고 생각하기 쉽지만, 정답은 B '큰 소란을 떨다'입니다. '축하를 위해 쏘아올린 불꽃의 밝은 빛', '정복한 마을을 군대가 피로 붉게 물들인 것' 등 그 어원에는 여러 설이 있습니다.

[정답] B

choose / select

그냥 적당한 거 고르자

choose와 select는 같은 의미로 쓰일 때도 많지만, '어떤 식으로 고르는지'의 차이에 따라 잘 구분합시다.

just choose one
대강 하나를 고르다

choose는 '자신의 선호나 감으로 괜찮은 것을 고르는 것'이 기본 이미지입니다. '많은 선택지 중에서 신중하게 고르기'보다는 어느 정도 '직감적'으로 '2개 또는 그 이상에서 고를 때' 사용합니다. 특히 '2개' 중에서 고르는 경우에는 select가 아니라 choose를 써야 합니다.

select the best one
가장 좋은 것을 고르다

select의 기본 이미지는 '비교적 다수의 선택지로부터 객관적 시각으로 고르다'입니다. choose처럼 선호도나 직감으로 선택하지 않고, '데이터 등을 고려해 충분히 생각한 후 신중하게 고른다'는 뉘앙스가 있습니다. 한편, select는 '2개 중 1개를 고를 때'에는 쓰지 않습니다.

choose / select
를 사용한 표현

choose between the two
2개 중에서 1개를 고르다

'2개의 항목'에 대한 전치사 between~ '~ 사이'가 뒤에 오는 경우, '2개 또는 그 이상에서 고르다'를 의미하는 choose를 사용합니다.

예를 들어 The girl is forced to choose between her boyfriend and her parents는 '그 소녀는 애인과 부모 사이에서 한쪽을 골라야 한다(선택을 강요당하고 있다)'는 뜻이 됩니다. '3개 이상의 항목'에 쓰이는 among의 경우, choose among ~ / select among ~ 모두 쓸 수 있습니다.

selected stores
(선택된) 일부 매장

This item is available only at selected stores는 '이 상품은 일부 매장에서만 판매하고 있습니다'와 같이 '(선택된) 일부 매장'을 의미하는 말입니다. 누군가의 선호나 감 대신 '매출 동향의 추이'나 '구매층 분석 결과' 등 객관적인 데이터로 선택되었으므로 chosen이 아닌 selected를 사용합니다. 한편, selected는 '객관적으로 선택된' ➡ '객관적이고 엄격하게 선택된', 즉 '선발된, 우수한'을 뜻하기도 합니다.

choose / select
구분하기

Select "Save As"; you can **choose** from a variety of file types.

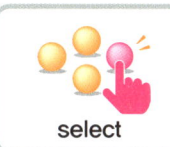
select

"다른 이름으로 저장"을 선택하면 다양한 파일 형태를 고를 수 있습니다.

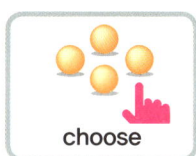
choose

Select "Save As"는 '(컴퓨터 메뉴의 항목들 중에서) "Save As"를 고르다'라는 뜻입니다. '좋아하는 것을 고르는 것'이 아니라, '지정된 것을 객관적 시점에서 고르는 것'이므로 select를 사용합니다. choose는 '자신의 선호에 따라 고르는 것'이므로 you can choose ~는 '당신의 선호에 따라 ~를 고를 수 있다' ➡ '자유로운 선택이 가능하다'를 의미합니다.

Quiz

~~ 에 들어갈 말은 choose? select?

Children cannot _____ their parents.
'아이들은 부모를 고를 수 없다.'

일종의 숙어인데요. 이렇게 '아이들은 부모를 고를 수 없다'라고 말하고자 할 때는 choose를 사용합니다. '객관적인 시점에서 엄선하는 것'이 아니라 단순히 '(애초에 다른 보기가 없으므로) 고를 수 없다'는 말이므로, select가 아닌 choose가 되는 것입니다.

[정답] choose

save / help

구원해 줘서 고마워!

save가 나타내는 '돕다'와 help가 나타내는 '돕다'는 그 '중요도'나 도움에 대한 '고마움'에 차이가 있습니다.

✓ Image Check!

save ~

~를 구하다

save의 기본 이미지는 '소중한 것을 지키거나 궁지에 빠진 상대방을 구하다'입니다. 만화에서 Mike saved me!는 '낙제할 위험으로부터 구해 주었다'를 의미합니다. '소중한 것을 지키다' ➡ '중요한 것을 가지고 있다'라는 save에는 '보관해 두다 / 유지하다'의 뜻도 있습니다.

help ~

~를 돕다

help는 '곤경에 처한 사람에게 손을 내민다'는 기본 이미지를 갖고 있습니다. save의 '소중한 것을 지키거나 궁지에서 빠져나오게 하여 상대방을 구하다'처럼 슈퍼맨과 같은 활약이 아니라, 손을 내미는 정도의 도움을 뜻합니다. '(손을 내미는 정도라 하더라도) 도와주면 안 돼!'는 Don't help her이라고 표현합니다.

save / help
를 사용한 표현

save ~ from …
~를 …에서 구해 내다

'소중한 것을 지키거나 궁지에서 빠져나오게 하여 상대방을 구하는' save를 전치사 from과 함께 쓰면 '~를 …에서 구해 내다'라는 뜻이 되어, 대상을 어디에서 구해 내는지 구체적으로 나타낼 수 있습니다.

예를 들어 save my soul from hell은 '지옥에 빠져 버린 나의 영혼을 구제하다', save animals from extinction은 '동물을 멸종 위기에서 구하다', save a child from drowning은 '물에 빠진 아이를 구해 내다'를 뜻합니다.

help ~ …
~가 …하는 것을 도와주다

'곤경에 처한 사람에게 손을 내미는' help는 help ~ …의 형태로 '~가 …하는 것을 돕는다'를 나타냅니다. … 부분에는 동사 원형이 옵니다. Please help me do the dishes는 '설거지하는 것 좀 도와줘'입니다. 한편, 영국 영어에서는 This herb will help you to relax '이 허브는 긴장을 푸는 데 도움이 됩니다'와 같이 help ~ to …의 형태로도 쓰입니다.

save / help
구분하기

save the environment
help the environment

환경을 구하다 / 환경보호를 돕다

save를 사용하면 '소중한 것을 지키다' ➡ '환경이라는 소중한 것을 지키다', 즉 나무 심기나 기부 등 직접적이고 구체적인 행동을 통해 '둘도 없는 자연을 환경 파괴로부터 지킨다'는 뉘앙스가 드러납니다. '곤경에 처한 대상에게 손을 내미는' **help**를 사용하면 '에너지 절약', '물 절약', '쓰레기 줍기' 등 손쉬운 실천을 통해 '환경보호를 돕는다'는 뉘앙스가 있습니다.

"God Save the Queen"
'여왕 폐하 만세!'

영국 국가의 제목이자 가사의 일부입니다. 기원문의 형태(…이기를 기원합니다)로, '하느님, 여왕을 구해 주시옵소서!'라는 의미입니다. save는 '소중한 것을 지키다'라는 기본 이미지를 지니기 때문에 '우리에게 있어 소중한 존재인 여왕 폐하를 부디 지켜 주세요'라는 뜻이 됩니다.

answer / reply

답변이 없네…

answer는 '질문에 답하다', reply는 '대답이나 응답을 하다'를 의미합니다. 둘 다 '대답하는 것'이지만 그 뉘앙스가 크게 다릅니다.

✓ Image Check!

answer ~

(질문이나 요구에) 답하다

　answer의 기본 이미지는 '질문이나 요구 등 상대방의 행위에 응하다'입니다. answer는 기본적으로 질문, 요구와 짝을 이룹니다. 만화에서는 요청이라는 '행위'에 대해 '부르다'라는 구체적인 행동으로 응답하고 있지요. answer the phone은 '전화벨 소리에 응하다' ➡ '전화를 받다'라는 뜻입니다.

reply

대답을 하다

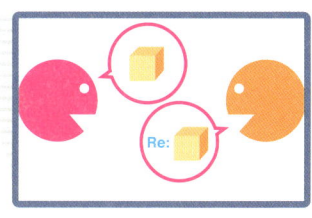

　reply는 '단순히 대답하다'라는 기본 이미지를 갖고 있습니다. answer는 '대답의 내용'이 중요하지만, reply의 경우 '반응을 보이는 것' 자체에 중점이 놓입니다. 한편, reply는 목적어를 직접 취하지 않는 자동사이기 때문에, '~에 대답하다'라고 말할 때는 전치사 to를 뒤에 붙여서 reply to~라는 형태로 만듭니다.

reply
를 사용한 표현

reply in ~
~의 형태로 대답을 하다

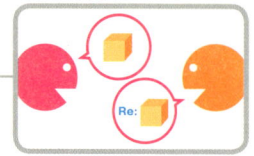

reply는 대답의 내용보다 대답하는 행위 자체에 중점이 놓이는데요. reply in ~은 '어떤 형식으로 대답하는지'를 나타낼 수 있습니다.

예를 들어 reply in writing은 '서면 형식으로 답하다', reply in e-mail은 '메일로 답하다', reply in a doubtful voice는 '의심하는 목소리로 대답하다', reply in an acid tone은 '날카로운 어조로 대답하다'라는 뜻입니다.

• reply in writing

• reply in e-mail

answer / reply
구분하기

He **replied** to my e-mail, but he didn't **answer** my question.

그는 메일에 회신했지만 질문에는 대답해 주지 않았다.

　reply는 '단순히 대답하는 것'이므로 He replied to my e-mail은 '내가 보낸 메일에 회신을 해 주었다'가 됩니다. 내용과는 상관없이 '어쨌든 답변이 왔다'는 뜻입니다.
　answer는 '질문이나 요구 등 상대방의 행위에 응하다'가 기본 이미지이므로, he didn't answer my question은 '내가 메일로 한 질문에는 대답해 주지 않았다'를 의미합니다.

"Speak not, reply not, do not answer me!"
'말하지 마, 대꾸하지 마, 대답도 하지 마!'

　셰익스피어의 명작 〈로미오와 줄리엣〉에서 아버지가 줄리엣에게 하는 대사입니다. '말하지 마. "예 / 아니요" 등의 대꾸(reply)도 필요 없어. 애초에 질문을 안 할 테니 대답(answer)도 하지 마'라는 뜻입니다. 이 이상의 거절은 없을 듯한, 완전한 '거절'의 표현이네요.

 희곡 〈로미오와 줄리엣〉

Lesson 5

shut / close

입을 닫아!

shut과 close 모두 '닫다'를 의미하지만, '닫는 방식의 차이'에 주의해야 합니다.

shut ~

~를 빠르게 닫다

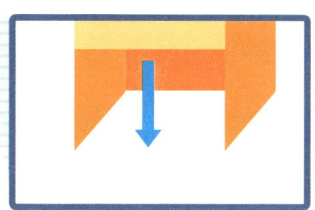

shut의 기본 이미지는 '빠르게 닫다'입니다. '빠르게 쾅 하고 닫는 것'이므로 '거칠게 닫는다'는 뉘앙스가 포함되기도 합니다. Shut your mouth!는 '빨리 입 닫아!' ➡ '닥쳐!'를 의미하며, 상당히 난폭한 말이 됩니다.

close ~

~를 조용히, 완전히 닫다

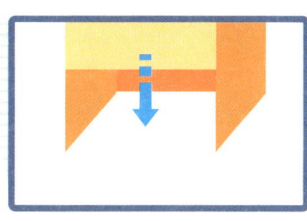

close는 '조용하고 완전하게 닫는 것'이 기본 이미지입니다. 별 뜻 없이 '입을 다물어'라고 말할 때 '재빨리 닫기'보다는 '확실하게 닫는 것'이 중요하므로 Close your mouth를 쓰는 것이 적절합니다. '완전히 닫다' ➡ '끝내다', 즉 '결말짓다'라는 뜻도 있습니다.

shut / close
를 사용한 표현

shut oneself up
틀어박히다

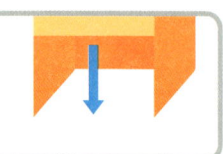

up은 강조를 나타내는 부사이므로 shut oneself up은 '스스로를 탁 하고 완전히 닫아 버리다' ➡ '틀어박히다'라는 뜻이 됩니다. My son has shut himself up in his room for the past two weeks '아들은 지난 2주 동안 자신의 방에 틀어박혀 있다'와 같이 사용합니다.

be closed to ~
~는 출입금지이다

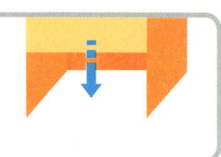

to는 '~에 대하여'라는 뜻의 전치사이므로, be closed to ~는 '~에 대해 확실히 닫혀 있다' ➡ '~는 출입금지이다'를 의미합니다.
This road is closed to traffic은 '이 도로는 교통에 대해 닫혀 있다' ➡ '이 도로는 통행금지이다'가 됩니다. 또 This hall is closed to the media는 '이 홀은 대중매체에 대해 닫혀 있다' ➡ '이 홀은 보도 관계자의 출입이 금지되어 있다'는 뜻이 됩니다.

shut / close
구분하기

shut the door
close the door
문을 닫다

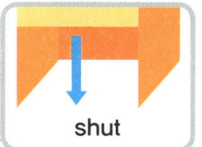 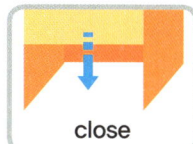

　두 표현 모두 '문을 닫는다'는 의미이지만 shut은 '빠르게 닫는다'이므로 shut the door는 '거칠게 닫다/소리를 내며 닫다'라는 뉘앙스가 있습니다. He shut the door with a slam은 '그는 문을 쾅 하고 닫았다'라는 뜻입니다. close는 '조용하고 완전하게 닫는 것'이므로 '닫았는지 여부'에 초점이 맞춰집니다. Did you close the door?는 '문 제대로 닫았어?'라는 뜻입니다.

Quiz

~~~~ 에 들어갈 말은 close? shut?

_____ your eyes, and I'll kiss you.
눈을 감아 봐. 내가 키스해 줄게.

'재빨리 닫다'를 뜻하는 shut은 '빨리 눈 감으라고!'라는 다소 난폭한 뉘앙스가 있어 분위기에 맞지 않습니다. 여기에서는 '조용히, 완전히 닫다'라는 뜻의 close를 써서 '자, 조용히 눈을 감아 봐'라며 다정히 말하는 것이 좋겠지요.

[정답] close

turn / spin

나사 돌리면서 놀지 마!

turn은 '돌리다'를 뜻하는 가장 일반적인 동사이지만, 팽이처럼 '빙글빙글 돌릴' 때는 spin을 사용합니다.

✓ Image Check!

turn the screw

나사를 돌리다

turn은 '원을 그리다 / 회전하다'가 기본 이미지로, 다른 단어와 함께 사용하여 다양한 회전을 나타낼 수 있습니다. turn the screw는 '나사를 박기 위해 드라이버로 나사를 돌리다'로 '몇 번이고 회전시키는 것'을 나타내며, turn around(뒤돌아보다)나 turn over(뒤집다)처럼 '180도 회전'을 나타낼 수도 있습니다.

spin the screw

나사를 계속 빙글빙글 돌리다

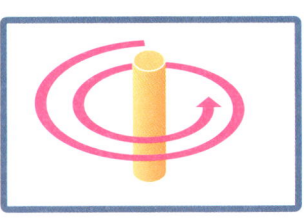

spin은 '실을 잣다'가 어원으로, 기본 이미지는 '빙글빙글 계속해서 빠르게 돌리다'입니다. The room is spinning은 '방이 빙글빙글 계속 돌고 있다' ➡ '어지럽다'는 뜻입니다. 피겨 스케이팅에서 빙글빙글 도는 스핀의 이미지와도 일치합니다. 특히 비교적 빠른 속도로 돌 때 사용합니다.

turn / spin
을 사용한 표현

turn back the clock
시곗바늘을 되돌리다

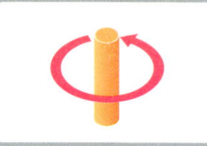

이 표현은 turn back the hands of the clock을 축약한 형태입니다. '시곗바늘(hands)을 반대로 회전시키다' ➡ '시곗바늘을 되돌리다'를 의미합니다.

No one can turn the clock back은 '시곗바늘을 되돌리는 일은 아무도 할 수 없다' ➡ '시대를 거스를 수 없다'라는 뜻입니다. 또 It's time to turn back the clock on education '지금이야말로 교육을 예전 방식으로 되돌릴 때이다'처럼 쓸 수도 있습니다.

spin ~ dry
~를 탈수해서 말리다

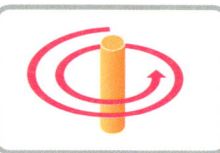

'몇 번이고 빙글빙글 빠르게 돌려서 수분이 없는 상태(dry)로 만들다' ➡ '세탁기로 탈수하다'라는 의미입니다. She spun the laundry dry는 '그녀는 세탁물을 탈수기에 돌렸다'가 됩니다.

spin과 dry를 연결한 spin-dry라는 말도 있는데, '원심력으로 탈수한다'는 말입니다. 만약 양복 꼬리표에 Do not spin-dry라고 되어 있으면 '탈수기 사용 불가'라는 뜻입니다.

turn / spin
구분하기

turn the wheel
spin the wheel

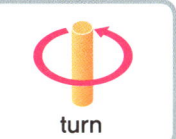
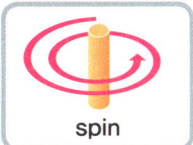

핸들을 꺾다 / 룰렛을 돌리다

wheel은 '바퀴'이지만, turn the wheel에서 the wheel은 일반적으로 the steering wheel '자동차의 핸들'을 의미하여 '자동차 핸들을 돌리다' ➡ '핸들을 꺾다(조작하다)'라는 뜻이 됩니다. 한편, spin the wheel의 the wheel은 '룰렛'을 가리키며, '룰렛을 (빙글빙글) 돌리다'를 의미합니다. spin the wheel of fortune '운명의 룰렛을 돌리다' ➡ '운수를 점치다'라는 숙어도 있습니다.

 작품으로 공부하기

"You Spin Me Round Like A Record"
'나는 너에게 놀아나고 있어'

영국의 밴드 Dead or Alive의 대표곡으로 '너는 나를 레코드처럼 빙글빙글 돌린다' ➡ '너에게 놀아나고 있는 중이다'를 나타내는 말입니다. 한편, turn ~ around는 '~의 방향을 바꾸다 / 사고의 방향을 바꾸다' ➡ '~의 의견이나 태도를 바꾸다'라는 뜻입니다.

🎵 노래 〈You Spin Me Round〉(1984)

gather / collect

사진 모아서 뭐 할 건데?

둘 다 '모으다'라고 번역되지만 gather과 collect는 '모은 후 어떻게 하는지'에 따라 큰 차이가 있습니다.

gather photos

사진을 긁어모으다

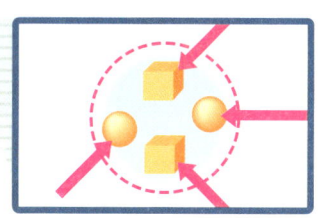

gather는 '흩어진 물건을 긁어모으다'라는 기본 이미지를 갖고 있습니다. '긁어모으는 것' 외에 '보존한다'는 뉘앙스는 없습니다. '특정한 목적'을 위해 모으는 것이 아니라 '모으는' 행위 자체에 주목하는 표현으로, '엄선하기'보다는 '손에 닿는 대로 모은다'는 뉘앙스입니다.

collect photos

사진을 수집하다

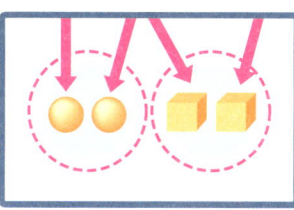

collect의 기본 이미지는 '어떤 목적으로 취사선택하여 모아 두다'입니다. My hobby is collecting old coins는 '취미 목적으로 직접 고른 옛날 동전들을 모아 두고 있다' ➡ '내 취미는 옛날 동전 수집입니다'를 뜻합니다. 이렇게 주로 '취미로 모으는' 경우에 쓰입니다.

gather / collect
를 사용한 표현

gather strength
힘을 모으다

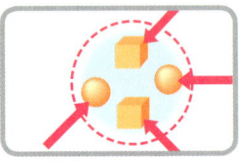

gather은 '흩어진 것을 긁어모으는 것'이므로 gather strength는 '흩어진 힘을 긁어모으다' ➡ '모든 힘을 한곳으로 모으다' ➡ '힘을 기르다 / 세력을 강화하다 / 체력을 회복하다' 등의 의미가 됩니다.

예를 들어 We need to gather strength and tackle this difficult problem은 '우리는 전력을 다해 이 난제에 맞서야 한다'는 뜻입니다.

collect on delivery
착불 배송

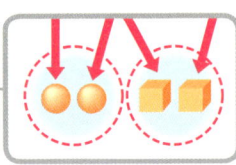

'어떤 목적으로 취사선택하여 모아 두는 것'을 의미하는 collect에는 '대가로 돈을 받아 자신의 것으로 하다' ➡ '(대금을) 징수하다'라는 뜻이 있습니다.

collect on delivery는 '배달 시(on delivery)에 대금을 징수하다' ➡ '착불 배송하다'를 의미합니다. Could you send this C.O.D.? '이것을 착불로 보내 주시겠습니까?'와 같이 C.O.D.라는 약어를 쓰기도 합니다.

gather / collect
구분하기

gather information
collect information

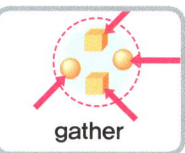
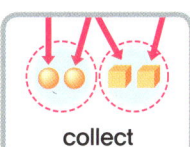

정보를 모으다

gather은 '흩어진 것을 긁어모으다'이므로 We need to gather as much information as possible '최대한 많은 정보를 모아야 한다'와 같이 '닥치는 대로 모은다'는 뉘앙스가 있습니다. collect는 '취사선택하여 모은 후 가지고 있다'이므로 Let's collect more accurate information '더 정확한 정보를 모으자'처럼 '중요한 정보를 추려 내 축적한다'는 뉘앙스가 있습니다.

Gather roses while you may.

'젊을 때 즐겨라.'

직역은 '당신이 할 수 있을 때 장미꽃을 따세요'입니다. 피어 있을 때가 아니면 장미꽃을 딸 수 없으므로 '가능할 때 가능한 일을 하라' ➡ '젊을 때 (청춘을) 즐겨라'라는 뜻이 됩니다. 취사선택하지 않고 '피어 있는 꽃을 일단 모으다'라는 뉘앙스이기 때문에 gather을 씁니다.

mind / care

아무래도 상관없어…

mind와 care는 모두 '신경을 쓰다'로 번역할 때가 많은데요. mind에는 '싫어하다'라는 부정적 함의가 있다는 사실에 주의해야 합니다.

I don't mind.

난 괜찮아.

mind가 지니는 기본 이미지는 '마음에 거슬리다'로, 강한 부정적 이미지가 포함됩니다. 부정의 not을 써서 이 이미지를 없앤 I don't mind는 '싫지 않다' ➡ '상관없어 / 좋아'라는 긍정적인 표현입니다. 한편, '전혀 상관하지 않는다'는 의미를 강조할 때는 I don't mind at all이라고 표현합니다.

I don't care.

아무래도 좋아.

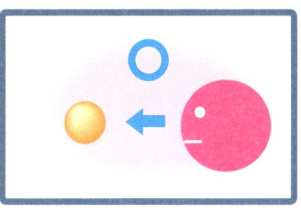

care는 '마음에 두다'라는 기본 이미지를 갖고 있으므로, 대상에 대해 '흥미나 관심이 있다'라는 긍정적인 표현입니다. 이를 부정형으로 만든 I don't care는 '마음에 두지 않는다' ➡ '아무래도 좋다'는 뜻이 됩니다. '이제 아무래도 좋다고!'라며 될 대로 되라는 식의 부정적 감정을 나타냅니다.

mind / care
를 사용한 표현

Do you mind?
괜찮겠습니까?

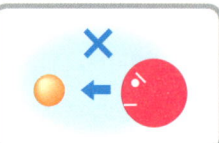

'(앞으로 내가 하려는 일이) 마음에 걸립니까?' ➡ '괜찮겠습니까?'라고 허가를 구하는 표현입니다. 예를 들어 담뱃갑을 손에 들고 Do you mind?라고 말하면 '담배를 피워도 괜찮습니까?'라는 질문입니다.

또 흡연 장소 외의 장소에서 담배를 피우는 사람에게 Do you mind?라고 하면 '(흡연을) 그만해 주시겠습니까?'라고 하는 것입니다. 이는 Do you mind if I ask you to stop that? '그것을 그만두라고 하면 마음에 걸리십니까?'가 축약된 형태입니다.

I couldn't care less.
아무래도 상관없어.

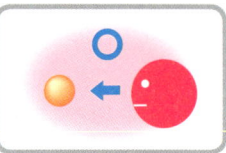

여기서 could는 가정법으로, 직역하면 '이 이상 마음에 두지 않을 수 없을 정도로 마음에 두지 않는다'가 되어 앞에 나온 I don't care보다 더욱 강렬하게 '아무래도 좋다'는 감정을 나타내는 표현입니다.

한편, 틀린 표현이기는 하지만 미국 등에서는 이와 같은 의미로 I could care less라는 긍정형을 사용하기도 합니다.

mind / care
구분하기

I don't mind if ~
I don't care if ~

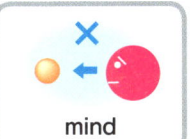

~해도 상관없다 / ~는 아무래도 좋다

I don't mind if ~는 '만일 ~하더라도 나는 상관없다'라는 뜻으로, I don't mind if you go earlier '먼저 가도 돼'와 같이 쓰입니다. I don't care if ~는 '~하든 하지 않든 상관없다'는 말로, I don't care if you don't like me '네가 나를 좋아하든 싫어하든 상관없어'처럼 사용합니다.

Quiz

OK할 때는 Yes? No?

Do you mind if I smoke?
'담배를 피워도 되겠습니까?'

mind는 '마음에 거슬리는 것'이므로 Do you mind ~?는 '마음에 거슬립니까?'라고 묻는 질문입니다. '(담배를 피워도) 괜찮습니다'라고 말하고 싶다면 '거슬리지 않는다'를 나타내는 No가 정답입니다. Yes라고 대답하면 '네, 거슬립니다'라는 반대의 뜻이 되기 때문에 주의가 필요합니다.

[정답] No, I don't

cry / shout

그렇게 큰 소리 내지 마!

cry와 shout는 모두 '외치다'를 나타내는 동사이지만, 놀라움이나 괴로움과 같은 감정으로 '외치는' 경우에는 cry를 사용합니다.

귀신의 집은 무서워.

글쎄…
Why are they crying?
(저게 울 정도야?)
어차피 다 가짜인데.

!!
헉

수~현!
수~현!!
퍽 퍽

시끄러워!
Don't shout in my ear.
(귀에다 대고 소리치지 마.)

위, 위에! 위에…!

진짜를 데리고 왔어!

뭐가?
이상한 애네.

✓ Image Check!

cry

(울며) 외치다

   cry의 기본 이미지는 '여러 감정으로 인해 외치다'입니다. cry for help는 '(공포 등의 감정에서) 도움을 구하며 외치다'라는 뜻입니다. The baby started crying은 '아기가 소리를 내어 울기 시작했다'를 의미하는데, 이처럼 놀라움이나 고통 등으로 인해 '소리를 내며 눈물을 흘리는' 것도 cry로 표현하곤 합니다.

shout

큰 소리로 외치다

   shout가 지니는 기본 이미지는 '큰 목소리로 외치다'입니다. '여러 감정으로 인해 외치는' cry와는 달리 감정의 유무에 상관없이 '큰 소리를 내는' 상황에서 사용합니다. cry에는 '(감정이 격한 나머지) 울다'라는 의미가 있지만, shout는 감정이 바탕에 깔려 있지 않기 때문에 '울며 외치는' 경우에는 쓰지 않습니다.

cry / shout
를 사용한 표현

cry for ~
~를 강하게 원하다

원하는 대상을 나타내는 전치사 for를 써서 cry for ~라고 하면 '~를 원하며 격한 감정으로 외치다' ➡ '~를 강하게 원하다'라는 뜻이 됩니다. Our company is crying for new talent는 '우리 회사는 새로운 인재를 강하게 원하고 있다'입니다.

한편, The baby was crying for his mother '그 아기는 엄마를 찾으며 울고 있었다'와 같이 문자 그대로의 뜻으로도 쓰입니다.

shout oneself hoarse
목이 쉬도록 외치다

shout는 '큰 소리로 외치는 것'이므로 shout oneself hoarse는 '큰 소리를 내서 자신의 목소리를 쉬게(hoarse) 만들다' ➡ '목이 쉬도록 외치다'라는 뜻이 됩니다. 따라서 He shouted himself hoarse at the ballpark '그는 야구장에서 목이 쉬도록 외쳤다'와 같이 씁니다.

'목소리를 내다'라는 의미의 동사가 들어간 비슷한 표현으로는 talk oneself hoarse '목이 쉬도록 말하다'나 yell oneself hoarse '큰 소리를 내서 목이 쉬다' 등이 있습니다.

cry / shout
구분하기

You're crying.
You're shouting.

너 울고 있어. / 그렇게 크게 소리치지 마.

You're crying은 '당신은 울고 있습니다'인데, cry에는 '눈물을 흘린다'는 의미도 있기 때문에 감정이 격한 나머지 눈물을 흘리는 상대방에게 '너 울고 있어'라고 알려 줄 때 사용합니다.

한편, You're shouting은 '당신은 외치고 있다' ➡ '외치지 않아도 돼 / 그렇게 크게 소리치지 마'라며 상대방을 제지할 때 사용합니다.

이것이
현지
영어다

It's no use crying over split milk.
'엎질러진 물.'

cry over는 '~를 생각하며 눈물을 흘리다' ➡ '~를 한탄하다'를 의미합니다. 위의 문장은 '쏟아진 우유에 대해 한탄해도 의미가 없다' ➡ '엎질러진 물이다'라는 뜻의 속담입니다. What's done cannot be undone, '이미 저지른 일은 되돌릴 수 없다'도 유사한 뜻을 지닌 속담입니다.

find / discover

엄마를 찾을 수가 없어…

'찾고 있던 것을 찾아내는 것'이 find, '알지 못했던 것을 발견하는 것'이 discover입니다. 찾는 대상이 '알던 것'인지 '모르던 것'인지에 따라서 구분합니다.

✓ Image Check!

find ~

~를 찾아내다

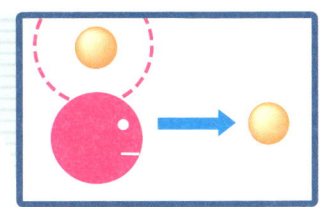

　find의 기본 이미지는 '찾고 있던 대상을 찾아내다'입니다. I can't find my mom '(계속) 찾고 있는데 엄마가 보이지 않아'나 I found her lying on the bed '(찾아본 결과) 그녀가 침대에 누워 있는 것을 확인했다'처럼 find에는 '찾는다'는 행위가 포함되어 있습니다.

discover ~

~를 발견하다

　cover(덮다)에 반대를 뜻하는 접두사 dis-를 붙인 discover는 '덮고 있는 것을 치우다' ➡ '숨겨진, 혹은 미지의 것을 발견하다'라는 기본 이미지를 갖고 있습니다. '알려지지 않았던 것을 발견하다'라는 뉘앙스로, 단순히 찾는 행위와는 다릅니다. 한편, cover에 반대를 뜻하는 un-을 붙인 uncover 또한 '발견하다'를 의미합니다.

find / discover
를 사용한 표현

Page Not Found
요청하신 페이지를 찾을 수 없습니다.

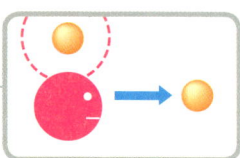

　인터넷을 이용하는 사람이라면 "404-Page Not Found"라는 메시지를 본 적이 있을 것입니다. Page Not Discovered가 아닌 이유는 '미지의 내용을 발견하려고 한 것'이 아니라 '찾으려고 했던 내용을 찾을 수 없었기' 때문입니다.
　또 메일 프로그램에 에러가 발생해 '첨부 파일을 찾을 수 없습니다'라고 할 때도 "Attachment Not Found"라는 find가 들어간 형태가 쓰입니다.

discover one's talent
자신의 재능을 발견하다

　discover는 '숨겨진, 혹은 미지의 것을 발견하는 것'이므로 discover one's talent는 '지금까지 몰랐던 재능을 발견하다' ➡ '재능을 발견해 내다'라는 의미입니다. He discovered his talent for writing at the age of 15 '그는 15살 때 작가로서의 재능을 발견했다'처럼 사용합니다. discover one's hidden talent '숨겨진 재능을 발견하다'라는 표현도 자주 씁니다.

find / discover
구분하기

We might find her and then discover that she's already dead.

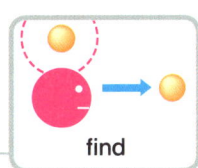

그녀를 찾아낸다고 해도 이미 죽어 있을지도 모른다.

'찾고 있던 것을 찾아내는 것'이 find의 기본 이미지이므로, We might find her은 '계속 찾고 있던 그녀를 마침내 발견하다'라는 말입니다. '숨겨지거나 알려지지 않은 것의 발견'이 기본 이미지인 discover를 사용한 …discover that she's already dead는 '(지금까지 생사를 알 수 없었던 그녀가) 뜻밖에도 이미 죽어 있는 것을 발견하다'라는 뜻입니다.

작품으로 공부하기

"I Still Haven't Found What I'm Looking For"
'찾고 있는 것을 아직 찾지 못했어'

아일랜드 출신 밴드 U2의 노래 제목입니다. 여러 고난과 유혹을 극복해 왔지만, 그래도 '아직 찾고 있는 것을 찾지 못했다'고 노래하고 있습니다. find는 '찾는 것'이 전제가 되므로 look for ~, '~를 계속해서 찾다'와 함께 쓸 때가 많습니다.

🎵 노래 〈I Still Haven't Found What I'm Looking For〉(1987)

forgive / allow

자는 건 용납할 수 없습니다

forgive는 '저지른 죄를 용서하다', allow는 '앞으로 할 것을 용서하다'를 의미합니다. '무엇을 용서하는지'에 따라 잘 구분해야 합니다.

Please forgive me.
(저를 용서해 주세요!)

두 번 다시 이런 짓 하지 않을게요…

그래도 소용없어!
I can't allow students to sleep in class.
(수업 중에 자는 건 용납 못 해.)
벌로 독서 감상문 10장 써 와!

아아 교수님 부디 자비를~!!

forgive ~

(죄)를 용서하다

forgive의 기본 이미지는 '죄나 잘못 등을 용서하다'입니다. '과거에 저지른 일'에 대해 쓰이는 표현입니다. 만화에서는 '잠을 자는 죄를 지은 저를 용서해 주세요'라는 의미로 Please forgive me를 쓰고 있습니다. '(~가) …한 것을 용서하는' 경우에는 forgive ~ for …의 형태를 취합니다.

allow ~

~를 허락하다

allow~는 주로 allow ~ to …의 형태로 '~가 …하는 것을 허락하다'라는 기본 이미지를 갖고 있습니다. '앞으로 할 일'에 대해 사용하는 표현이므로 과거에 저지른 죄나 잘못을 용서하는 경우 등에는 쓸 수 없습니다. He allowed his daughter to go out은 '그는 딸이 외출하는 것을 허락했다'를 의미합니다.

forgive / allow
를 사용한 표현

forgive and forget
없었던 일로 하다

forgive는 '죄나 잘못 등을 용서하는 것'이므로 forgive and forget은 '잘못을 용서하고 잊어버리다' ➡ '없었던 일로 하다'라는 뜻이 됩니다. Let's forgive and forget '그냥 없었던 일로 하자'와 같이 두 단어가 for로 시작해 어감이 비슷하기 때문에 원어민이 선호합니다.

비슷한 의미의 표현으로 Let bygones be bygones '지나간 일은 지나간 일로 하자' ➡ '과거는 잊어버리자'라는 속담이 있습니다.

not allowed
허용되지 않는다

allow를 수동형으로 바꾼 be allowed는 '허용되다'를 의미하며, Pets are not allowed in this apartment '이 아파트는 애완동물 출입 금지입니다'처럼 주로 부정형에 쓰입니다. "Use of cell phones not allowed"라는 게시문은 '휴대전화 사용은 허용되지 않습니다' ➡ '휴대전화 사용 금지'를 뜻합니다. 그 외에도 "Smoking not allowed"처럼 '금연' 등 여러 '금지'를 나타내는 게시문에서 이 not allowed라는 표현을 사용합니다.

forgive / allow
구분하기

He'll forgive her and allow her into heaven.

주님은 그녀를 용서하시고 천국으로 받아들이시겠지요.

여기서 He는 '하느님'을 가리킵니다. forgive가 '죄나 잘못을 용서하는 것'이므로 He'll forgive her은 '하느님이 생전에 그녀가 저지른 죄를 용서하다'라는 뜻입니다. allow her into heaven은 '그녀가 천국에 가는 것을 허락하다' ➡ '천국으로 받아들이다'를 의미합니다. 이렇게 과거에 '저지른 죄'에 대해서는 forgive를 쓰고, '앞으로 천국에 가는 것'이라는 미래의 일에 대해서는 allow를 씁니다.

Quiz

~에 들어갈 말은 forgive? allow?

_____ me to introduce myself.

'자기소개를 시켜 주세요.'

'자기소개하는 것을 나에게 허락해 주세요'이므로 정답은 allow입니다. Allow me to ~는 '~시켜 주세요'의 뉘앙스로, 소극적으로 허가를 요청할 때 사용합니다. Allow me to shake your hand는 '악수하게 해 주세요'라는 뜻입니다.

[정답] Allow

suspect / doubt

진짜로 아픈 거 맞아?

suspect와 doubt는 둘 다 '의심'하는 감정이 있지만, 실은 정반대의 의미를 나타내는 표현입니다.

✓ Image Check!

suspect ~ be sick
~가 아픈 거라고 생각하다

suspect의 기본 이미지는 '그렇지 않을까 하고 생각하다'입니다. '혹시 그렇지 않을까'라며 의심하는 감정을 나타냅니다. suspect ~ be sick은 '~가 아픈 게 아닐까 하고 생각하다'입니다. '아프지 않을까 하고 생각하다' ➡ '아픈 거라고 생각하다'이므로 I suspect she's sick은 I think she's sick과 거의 같은 표현입니다.

doubt ~ be sick
~가 아프지 않다고 생각하다

doubt는 '그렇지 않을 것이라고 생각하다'라는 기본 이미지를 갖고 있습니다. '분명 그렇지 않을 것이다!'라는 강한 확신을 나타냅니다. doubt ~ be sick은 '~가 아프지 않을 거라고 생각하다' ➡ '~가 아프다고는 생각하지 않는다'이므로, I doubt she's sick은 I don't think she's sick이라고 바꿔 말할 수 있습니다.

suspect / doubt
를 사용한 표현

a suspect
용의자

　동사 suspect의 기본 이미지는 '그렇지 않을까 하고 생각하다'이며, 그 명사형인 suspect는 '그렇지 않을까 하는 의심을 받는 사람' ➡ '용의자/피의자'라는 뜻이 됩니다.
　Am I a suspect?는 '내가 의심받고 있습니까?/용의자입니까?'입니다. He's suspected of the murder '그는 그 살인 용의자다'와 같이 '~의 혐의가 있다'는 be suspected of ~로 표현합니다.

no doubt about ~
~임에 틀림없다

　'그렇지 않을 거라고 생각하다'라는 기본 이미지를 지니는 doubt가 명사일 때는 '그렇지 않을 것이란 감정', 즉 '의심'을 의미합니다. (There's) no doubt about ~은 '~에 대해서는 의심의 여지가 없다' ➡ '~가 틀림없다/~에 대해 확신하다'라는 말입니다. 상대방의 발언에 대해 No doubt about it!이라고 말함으로써 '틀림없어!/분명 그럴 거야!'라는 찬성의 감정을 전달할 수 있습니다.

suspect / doubt
구분하기

I **suspect** so.
I **doubt** it.

난 그렇게 생각해. / 난 다르게 생각해.

suspect '그렇지 않을까 하고 생각하다'를 사용한 I suspect so는 I think so '그렇게 생각해'와 거의 같은 의미를 나타냅니다. 단, 의심의 감정이 있기 때문에 단정적인 '생각'보다는 '그럴지도 모른다'로 판단에 애매함이 남습니다. I doubt it은 '네 말이 틀리지 않을까 의심하고 있어' ➡ '틀린 것 같아'라며 상대방의 발언을 부정할 때 자주 쓰입니다.

"benefit of the doubt"
'무죄추정의 원칙'

이 말은 유명한 법률 용어 중 하나로, '유죄가 아니라고 생각할 여지가 조금이라도 있다면, 무죄로 여기는 혜택(benefit)'이라는 말입니다. get the benefit of the doubt는 '증거 불충분으로 무죄가 되다', give ~ the benefit of the doubt는 '~를 증거 불충분으로 무죄 판결하다'를 뜻합니다.

 **자주 쓰는 동사를 활용한 일상 회화 ②**

PART 2에 이어 PART 3에서도 자주 쓰는 동사들의 다양한 쓰임새를 배워 보았습니다. 동사의 기본 이미지를 머릿속에 넣어 두고 회화에서 바로바로 쓸 수 있도록 합시다!

상황 1

I'll **turn** over a new leaf and study really hard.
앞으로 마음을 고쳐먹고 열심히 공부할 생각입니다.

 I have to say, I **doubt** the truth of your words.
미안하지만 네 말에서는 진실함이 느껴지지 않아.

leaf는 '책의 페이지'를 의미합니다. turn over a new leaf, '페이지를 뒤집어 돌리다' ➡ '새 페이지를 넘기다' ➡ '마음을 고쳐먹다'라는 뜻으로 주로 사용됩니다. doubt the truth of ~는 '~의 진실함을 의심하다'입니다.

상황 2

If you just give him a call, it'll **save** you writing a letter.
그에게 전화한다면 편지는 쓰지 않아도 될 텐데.

 **Mind** your own business! I'm bad on the phone.
너랑은 상관없잖아! 전화에는 자신이 없다고.

save에는 '~하는 것으로부터 구하다' ➡ '~하는 노력을 덜다'라는 뜻도 있습니다. Mind your own business는 '스스로의 일에 신경 쓰라' ➡ '남의 일은 신경 쓰지 마라' ➡ '상관없잖아!'라며 선을 긋는 한마디입니다.

조동사

응용 편인 PART 4에서는 be going to와 will, may와 can 등 '조동사'를 소개합니다. 실제 회화에서 누구나 고민하기 마련인 조동사의 구분에 대해 올바르게 익혀 봅시다.

be going to / will

나도 갈 거야!

be going to와 will은 거의 같은 의미로 쓰일 때가 많지만, '그 자리에서 정했는지 여부'가 둘을 구분하는 하나의 기준입니다.

✓ Image Check!

I'm going to ~
~할 예정

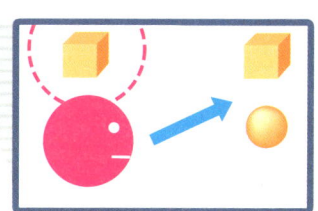

　be going to ~는 '~를 향해 이미 나아가고 (go) 있다', 즉 '~하는 것을 전부터 정해 두다' 라는 기본 이미지를 갖고 있습니다. 만화에서는 '일요일에 집에서 쉴 것을 전부터 정해 놓았다'는 것을 추측할 수 있습니다. '예정'이나 '의향' 등을 상대방에게 전할 때 쓰는 표현입니다.

I'll ~
그래, ~하자

　I'll은 I will의 축약형이며, will은 '~하는 것을 즉석에서 정하는 것'이 기본 이미지입니다. I'll join you는 '예정은 없었지만 참가하겠어'라는 뉘앙스입니다. I think I'll ~ '방금 생각한 건데 ~할래'나 Maybe I'll ~ '~해 볼까'처럼 '방금 생각난 가벼운 결정'을 나타낼 때 쓰입니다.

be going to / will
구분하기

I'm going to be back.
I'll be back.

다시 돌아오겠습니다.

예를 들어 전화가 와서 회의 중 잠시 자리를 비우는 장면을 생각해 봅시다. '~하는 것을 전부터 정해 놓는' be going to를 사용한 I'm going to be back은 '전화가 올 것을 알고 있었으므로 잠시 나가지만 다시 돌아오겠습니다'와 같은 뉘앙스입니다. '~하는 것을 즉석에서 정하는' will을 사용한 I'll be back은 '갑자기 전화가 와서 잠시 나가지만 돌아오겠습니다'라는 뉘앙스입니다.

- I'm going to be back.
- I'll be back.

be going to
를 사용한 표현

Are you going to ~?
~합니까?

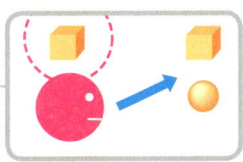

　Are you going to eat it here? '가게에서 드시고 가십니까?'처럼 '상대방의 의향'을 확인하는 경우에는 '~하는 것을 미리 정해 놓는 것'을 뜻하는 **be going to**를 쓰는 것이 일반적입니다. 또 **What are you going to do today?** '오늘은 무엇을 하실 건가요?'처럼 예정을 물을 때도 사용합니다.

Quiz

초인종 소리를 듣고 하는 말은?

A. I'm going to get the door.

B. I'll get the door.

갑작스런 방문객이므로 '전부터 정해 놓는 것'이 기본 이미지인 be going to는 쓸 수 없습니다. '생각나자마자 결정하다' ➡ '그 자리에서 판단하다'를 뜻하는 will을 써서 I'll get the door, '내가 나가 볼게'라고 말하는 것이 정답입니다.

[정답] B

can / be able to

'아니'라고는 못 하겠어

can과 be able to는 뜻이 유사하지만, '능력이 있음'을 강조할 때는 be able to를 쓴다는 사실을 기억합시다.

can't say no

감히 '아니'라고는 못 해

can은 '~하는 능력이 있으므로, 하면 된다'라는 기본 이미지를 갖고 있습니다. 심리적·감정적으로 '가능하다'라는 뉘앙스입니다. can't say no는 '사실은 "아니"라고 할 수 있지만 못한다' ➡ '아무래도 "아니"라고는 말하지 못하겠다'이므로, '사실은 "아니"라고 말해야 하는데 시선 등 외부 요인을 이길 수 없다'를 의미합니다.

be not able to say no

'아니'라는 말을 못 해

be able to의 기본 이미지는 '능력을 실현시킬 수 있다'입니다. 이를 부정형으로 만들면 '하고자 하면 할 수도 있지만 불가능하다'가 아니라 '물리적 제약으로 인해 할 수 없다'는 뜻이 됩니다. 여기에서는 '입이 가득 차서 도저히 말할 수가 없다'를 의미합니다.

can/be able to
를 사용한 표현

You can do it!
너라면 할 수 있어!

    You are able to do it은 '당신은 그것을 실현시킬 수 있다'라는 객관적인 표현으로, '너라면 할 수 있어!'라고 말하고 싶을 때는 이 표현을 사용하지 않습니다.
    이때 '~할 능력이 있으니까 시도하면 할 수 있다'는 기본 이미지의 can을 써서 You can do it!이라고 하면 '하면 될 거야!'라고 상대방을 격려하는 뉘앙스가 됩니다.

will be able to ~
~할 수 있게 될 거야

    문법상 can은 미래를 나타내는 will과 붙여서 will can이라고 할 수 없습니다(조동사 중복). '~할 수 있게 될 것이다'라는 내용을 표현할 때는 will be able to를 사용합니다. be going to be able to라는 표현도 가능합니다.
    이 책으로 계속 학습한다면 I'm sure you'll be able to speak like a native speaker soon! '분명 머지않아 원어민처럼 말할 수 있게 될 것입니다!'

can/be able to
구분하기

I could ~
I was able to ~

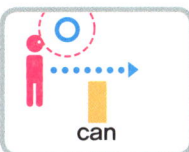

~하고자 하면 할 수 있다 / ~할 수 있었다

could는 가정법의 형태로 '~하는 능력은 지니고 있지만…' ➡ '~하고자 하면 가능하다'를 의미할 수 있습니다. 예를 들어 '막차를 탈 수 있었다'를 I could catch the last train이라고 표현하면 '막차에 타고자 하면 탈 수 있지만' ➡ '서두르면 막차를 탈 수 있을지도'라는 뜻으로 오해받을 수 있습니다. 이럴 때는 I was able to catch the last train으로 정확하게 의미를 전달할 수 있습니다.

작품으로 공부하기

"Can't Stand Losing You"
'못 참겠으니 차라리 죽을래!'

영국 록 밴드 The Police의 노래 제목입니다. '너를 잃는 것을 참을 수 없다'가 직역입니다. 참을 수 없다는 것은 '능력'보다도 '감정'과 관련된 것이므로 be able to가 아닌 can을 사용합니다. '못 참겠으니 차라리 죽을 거야!'라는 내용의 노래입니다.

🎵 노래 〈Can't Stand Losing You〉(1978)

may / can

들어와도 됩니다

두 표현 모두 '~해도 좋다'라는 '허가'를 의미하는 조동사이지만, may에는 거만한 뉘앙스가 있으므로 사용할 때 주의가 필요합니다.

You may ~

~해도 됩니다

　may는 '윗사람이 아랫사람에게 허가를 내리다'라는 기본 이미지를 갖고 있습니다. You may ~는 상사가 부하에게, 또는 이 만화처럼 면접관이 응시자에게 허가를 내리는 경우 등에 사용됩니다. 친구와 같이 '대등한 관계'에서 이 표현을 쓰면 딱딱하고 거북한 느낌이 듭니다.

You can ~

~해도 돼

　허가를 의미하는 can의 기본 이미지는 '대등한 입장에서 허가해 주다'입니다. may와 같이 '위에서 아래로'가 아니라는 점이 중요합니다. 또 규칙이나 규정에 비추어 '~해도 된다'라고 객관적 사실을 전달하는 경우, 윗사람이 아니라 '대등'한 관계에서의 허가이므로 You can ~을 사용합니다.

may / can
을 사용한 표현

You may go now.
이제 나가 봐도 됩니다.

면접시험 등이 끝날 때 윗사람인 면접관이 아랫사람인 응시자에게 하는 상투적인 표현입니다.

한편, 응시자가 입실 허가를 구할 때는 May I come in? '들어가도 괜찮겠습니까?'라고 말합니다. 이 경우에도 '상하관계'가 바탕에 깔려 있는 may를 사용합니다.

You can't ~
~하는 것은 금지되어 있습니다

'대등한 입장에서 허가해 주는' can의 부정형은 '대등한 입장에서 허가를 내릴 수 없다' ➡ '아무도 허가를 내줄 수 없다', 즉 '금지되어 있다'를 뜻합니다.

예를 들어 You can't take pictures in this park는 '이 공원에서 사진 촬영은 허가되지 않습니다'라는 뜻입니다.

may / can
구분하기

May I ~?
Can I ~?

~해도 되나요?

May I ~?는 May I leave early today, Mr. Kang? '강 선생님, 오늘 조퇴해도 괜찮을까요?'처럼 아랫사람이 윗사람에게 허가를 구할 때 사용합니다. 한편, Can I ~?는 대등한 입장에서 허가를 구할 때의 표현입니다. Can I use your pen?은 '네 펜, 잠깐 써도 되니?'라는 뜻입니다.

이것이 현지 영어다

"If I may"
'말할 기회를 주신다면'

If I may say so…의 축약형으로, 보통 문장 처음에 오는 표현입니다. '윗사람이 아랫사람에게 허가를 내리는' may를 써서 '발언할 기회를 당신이 허락해 주신다면' ➡ '말할 기회를 주신다면'이 되는데, 말하기 힘든 내용을 용기내어 말할 때 사용합니다.

should / must

증거가 있으니 틀림없어!

should는 '~일 것이다'라는 추측을 나타내는 조동사인 반면, must는 상당히 '강한 확신'을 나타내는 조동사입니다.

should be ~
~일 것이다

should의 기본 이미지는 '~일 것이다'입니다. '~일 텐데…'와 같이 소극적인 태도를 나타내기도 합니다. She should be back home in an hour는 '한 시간 안에 돌아올 거예요(아닐 수도 있지만)'와 같은 뉘앙스가 있으며, '단정'하는 것을 피하고 있습니다.

must be ~
~가 틀림없다

must는 '강한 확신'을 나타내는 조동사로, '당연히 그럴 것이다'라는 기본 이미지를 지닙니다. 강하게 확신하는 감정이므로, 실제로 직접 체험한 것이나 확실한 증거가 없다면 must를 쓸 수 없습니다. '당연히 그럴 것이다'
➡ '그래야만 한다'이므로 must에는 '의무'의 뉘앙스도 있습니다.

should / must
구분하기

should be ~ing
must be ~ing
~하고 있을 것이다 / ~하고 있음에 틀림없다

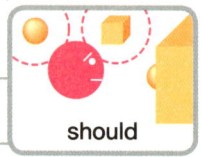
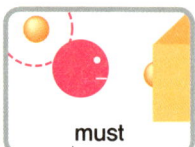

예를 들어 What's your son doing at home now? '아들은 지금 집에서 뭐 하고 있어?'라는 질문에 '집에서 요리하고 있을걸'이라고 대답하는 경우, '본인이 그렇게 말했으니까'와 같은 이유로 추측하는 것이므로 He should be cooking이 됩니다. He must be cooking now는 맛있는 음식 냄새나 요리 중에 나는 소리 등 직접 판단 가능한 요소가 있는 경우에만 씁니다.

· 추측 조동사 정리

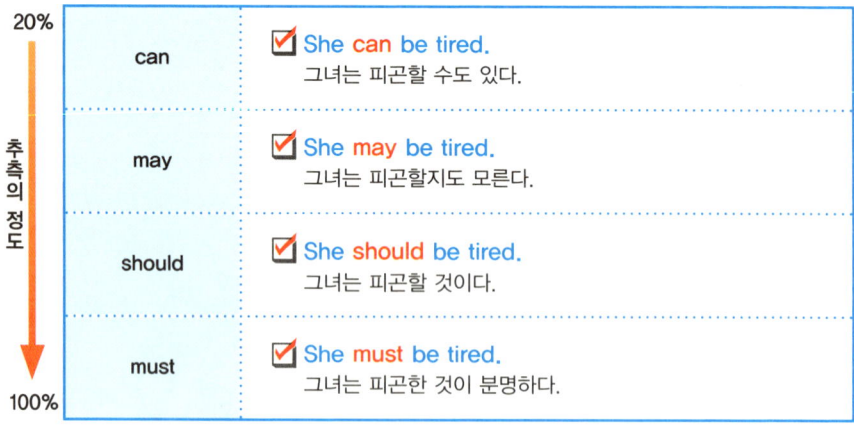

must 를 사용한 표현

must have ~
~했음에 틀림없다

과거의 일을 가리키며 '그랬음에 틀림없다'며 강한 확신을 나타내는 표현으로, ~의 부분에는 과거분사가 옵니다. Something must have happened '무언가가 일어났음에 틀림없다.' 또 I should have been more careful '더 주의를 기울였어야 했는데'처럼 should have 뒤에 과거분사가 오면 should(➡ 215쪽)는 '~해야 한다'는 의미가 됩니다.

"I Should Be So Lucky"
'나 정말 운이 좋은 거 같아'

Kylie Minogue가 부른 노래의 제목입니다. '~일 것이다'라는 기본 이미지를 갖는 should 는 역설적인 의미를 나타낼 수도 있습니다. 이 노래는 '꿈속에서는 멋진 애인이 있는데 현실의 나는 그렇지 않다. 나 정말 운이 좋은 거겠지'라며 이상과 현실의 괴리에 고민하는 소녀의 한탄을 드러내고 있습니다.

노래 〈I Should Be So Lucky〉(1987)

need to / should

알고는 있는데 멈출 수 없어

need to는 객관적으로 '~할 필요가 있습니다'라는 뉘앙스를 지니는 반면, should에는 특유의 '불분명함'이 들어 있습니다.

need to ~

~ 할 필요가 있다

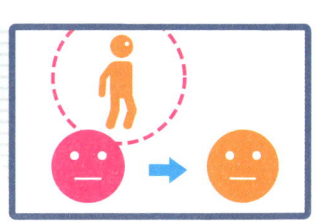

need to의 기본 이미지는 '(객관적인 이유에서) ~할 필요가 있다'입니다. 선호나 직감 등이 아니라 객관적·논리적인 이유 때문에 '~해야 한다'고 말할 때 사용합니다. 아래의 should와 같은 '불분명함'은 전혀 없으며 단순히 '~할 필요가 있다'라는 '사실'을 말하는 표현입니다.

should ~

~ 할 필요는 있지만…

여기에서 should는 '~할 필요는 있지만…'이라는 기본 이미지를 지닙니다. '~일 것이다'를 뜻하는 should(➜ 203쪽)의 소극적 뉘앙스도 그 예에 해당하는데, should는 특유의 '불분명함'을 나타낼 때가 많습니다. '해야 하는 건 알지만 어차피 안 하겠지'라는 뉘앙스로 쓰이기도 합니다.

need to / should
를 사용한 표현

need ~ to …
~가 …해 주기를 바라다

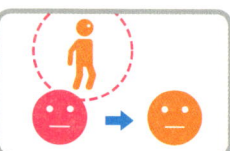

'(개인적인 이유에서) ~할 필요가 있다'를 의미하는 need to ~가 need ~ to …의 형태를 취하는 경우, '~에게 …받을 필요가 있다' ➡ '~에게 …받고 싶다'는 '희망 사항'을 나타냅니다. '개인적인 이유로 (~에게) …받기를 원하다'라는 딱딱한 뉘앙스가 됩니다. I need you to be more careful next time은 '너는 다음부터 더 주의할 필요가 있다' ➡ '다음에는 더 주의해 주기를 바란다'라는 뜻입니다.

Maybe you should ~
~하는 편이 좋을지도 모른다

'~하는 편이 좋아'라고 충고할 목적으로 You should ~를 사용하면, '너는 ~할 필요가 있지만' ➡ '~할 필요가 있는데 어차피 안 하겠지'라는 뉘앙스로 받아들여질 우려가 있습니다.

오해를 피하기 위해서는 문장 앞에 maybe를 붙여서 Maybe you should ~라는 형태로 만들면 됩니다. '하지 않을지도 모르지만 어쩌면 ~할 필요가 있을지도'라는 뉘앙스로, 부드러운 충고의 표현이 됩니다.

need to / should
구분하기

don't need to ~
shouldn't ~

~할 필요는 없다 / ~해서는 안 된다

need to

should

need to의 부정형인 don't need to ~는 '(객관적인 이유에서) ~할 필요는 없다'를 의미합니다. 반면, shouldn't는 '~할 필요가 있지만'의 부정형이므로 '~할 필요는 없지만' ➡ '실제로는 할지도 모르지만 ~할 필요는 없다', 즉 '(실제로 할지도 모르지만 원래는) ~하지 않아도 된다'는 뜻입니다.

Quiz

~~에 들어갈 말은 need to? should?

That's all you ~~ know.

'그것만 알고 있으면 돼.'

'네가 알 필요가 있는 것은 그것뿐이다' ➡ '그것만 알고 있으면 된다'라는 뉘앙스이므로, '객관적인 이유에서 알아둘 필요가 있다'를 의미하는 need to know라는 형태가 적절합니다.

[정답] need to

have to / need to

꼭 가야만 하나요?

'~하지 않으면'이라는 의미로 I have to ~ / I need to ~를 사용하는 경우, '마지못해서'라는 have to의 뉘앙스에 주의해야 합니다.

✓ Image Check!

have to ~

싫지만 ~ 해야만 한다

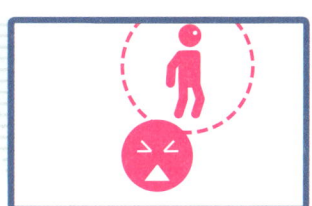

have to가 지니는 기본 이미지는 '싫지만 ~ 해야만 한다'입니다. (자신에게) 필요해서가 아니라, 어떤 외적 요인 때문에 '해야만 한다'는 뉘앙스가 있습니다. Do you have to?는 '꼭 그렇게 해야만 하니?'와 같이 서운한 감정이 들어 있는 표현입니다.

need to ~

~할 필요가 있다

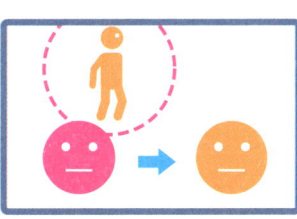

need to는 '(객관적인 이유에서) ~할 필요가 있다'가 기본 이미지입니다(➡ 207쪽). 만화 속 대사 Do you need to?는 '그럴 만한 이유가 있으니까 그렇게 해야 하는 거지?' ➡ '아, 그렇구나'처럼 단순히 '확인하는' 뉘앙스로, 서운한 감정은 들어 있지 않습니다.

have to / need to
를 사용한 표현

You didn't have to do that.

그럴 필요 없었는데.

'싫지만 ~해야만 한다'는 have to의 기본 이미지는 '마지못해 무언가를 하다' ➡
'일부러 귀찮은 일을 하다'라는 뉘앙스를 지닙니다.

따라서 You didn't have to do that은 '당신은 그런 일을 일부러 할 필요가 없었다' ➡ '당신이 번거로운 일을 해 주었다'라는 뜻으로, '일부러 해 줘서 고마워/수고했어'라는 '감사'와 '위로'의 표현입니다.

Something needs to be done.

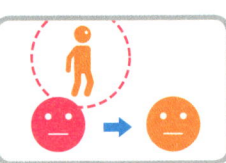

무언가 조치가 필요하다.

예를 들어 Someone has to do something '누군가 무엇을 해야만 한다'처럼 '사람'이 주어에 오는 경우, '지목할 수 없지만 누군가는 책임을 지고 무언가를 해야 한다'와 같이 주위 사람을 나무라는 듯한 뉘앙스가 드러납니다.

반면, need to be 과거분사는 '~될 필요가 있다'는 객관적인 사실을 전달하는 것이므로, 감정적인 뉘앙스를 배제할 수 있습니다.

have to / need to
구분하기

Do I have to ~?
Do I need to ~?

have to

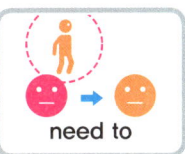
need to

~해야만 합니까? / ~할 필요가 있습니까?

'이 보고서를 오늘 끝내야만 하나요?'라고 말할 때 '싫지만 ~해야만 한다'는 뜻의 have to를 써서 Do I have to finish this report today?라고 묻는다면 '사실은 싫지만…'이라며 불평하는 듯이 들리게 됩니다. 하지만 '객관적인 이유에서 ~할 필요가 있다'는 need to를 사용한 Do I need to finish this report today?의 경우라면 그런 뉘앙스를 포함하지 않습니다.

이것이 현지 영어다

You have to reap what you have sown
'인과응보'

'자기가 뿌린(sown) 씨는 자기가 거두어야(reap) 한다'가 직역입니다. have to가 지니는 '싫지만 ~해야만 한다'는 기본 이미지로부터, '좋고 싫고를 떠나서 스스로 끝을 맺어야 한다' ➡ '인과응보'라는 표현이 됩니다.

Lesson 7

should / had better

다른 일을 찾는 게 나으려나…

'~하는 편이 낫다'고 말할 때 should와 had better 둘 다 쓸 수 있지만, 그 의도가 경고인지 그렇지 않은지에 따라 구분합니다.

You should ~

~ 하는 것이 좋다

should에는 '경고'의 뉘앙스가 없습니다. 여기에서 should의 기본 이미지는 '~하는 것이 좋다'로, 소극적인 충고입니다. 앞서 설명했듯이 should는 '불분명함'을 포함하기 때문에 You should ~는 '~하는 것이 좋아. 뭐, 하지 않을지도 모르지만'이라는 느낌이 들기도 합니다.

You had better ~

~ 하는 것이 좋다. 안 그러면

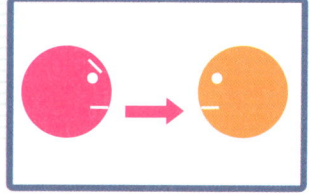

had better은 단순한 충고가 아니라 '~하는 것이 좋다. 그렇지 않으면'이라는 기본 이미지를 지닙니다. '들은 대로 하지 않으면 안 좋은 일이 일어난다'는 경고의 뉘앙스를 나타내기도 합니다. 만화 속의 You'd better hurry!는 '빨리 가지 않으면 큰일 날 거야(혼쭐 날 거야)'라고 경고하는 말입니다.

should / had better
를 사용한 표현

should have ~
~해야 했는데 (하지 않았다)

205쪽에서도 간단히 소개했듯이, should have 뒤에 과거분사가 오면 '~했어야 했는데'라는 뜻이 됩니다. '~했어야 했는데 실제로는 하지 않았다'라는 뉘앙스로, 상대방을 나무라거나 후회를 말할 때 자주 씁니다.

예를 들어 '정보나 사실을 지니고 있는 상태'인 know(➡99쪽)를 사용해 I should have known better이라고 하면 '더 정확한 정보와 사실을 알고 행동했어야 했는데 그러지 않았다' ➡ '경솔한 짓을 해 버렸다'를 의미합니다.

had better not ~
~하지 않는 것이 좋다. 그러지 않으면

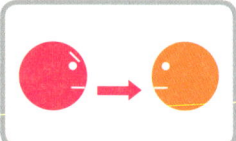

had better을 '~하지 않는 것이 좋다. 그러지 않으면'이라는 부정형으로 만들 때의 어순은 had better not입니다. You'd better not go out today because there's a typhoon coming은 '태풍이 오고 있으니까 오늘은 외출하지 않는 것이 좋겠다'입니다. 즉, '태풍 때문에 열차가 멈추거나 흠뻑 젖는 등 곤란한 상황이 될 수 있으니 나가지 않는 것이 좋다'라고 경고하고 있는 것입니다.

should / had better
구분하기

| I should ~
| I had better ~

나는 ~하는 편이 좋다

　I should ~는 207쪽에서 설명했던 대로 '~할 필요가 있지만' 정도의 뉘앙스로, 강한 의지를 드러내지는 않는 표현입니다. 반면, I had [I'd] better ~에는 스스로를 나무라는 느낌이 있습니다. 예를 들어 I'd better let you go는 '붙잡아서 미안하다'는 뜻인데, '당신을 보내 주지 않으면 폐를 끼칠 것 같다'라는 '자책'의 마음이 담겨 있습니다.

You'd better believe it.
'틀림없어.'

　자신의 말을 들은 상대방에게 '내 말을 믿는 게 좋을 거야. 그렇지 않으면 나중에 분명 놀랄 테니까'라며 상대방에게 거듭해서 강조하는 뉘앙스입니다. '정말이니까 / 보고 있어 / (잘 될 테니까) 괜찮아'라는 의미를 나타낼 수 있습니다.

Lesson 8

would / used to

예전엔 허구한 날 실수했지만 지금은 달라!

두 표현 모두 '과거의 습관'을 나타내는 조동사이지만, used to의 경우 '지금은 다르다'라는 뉘앙스를 나타낼 수 있다는 것이 큰 차이점입니다.

would ~

~하곤 했다

would는 '과거의 습관'을 나타내는 조동사로, '예전에는 ~하곤 했다'가 기본 이미지입니다. '그런 일을 했었나'처럼 과거의 습관 등을 추억처럼 이야기할 때 자주 사용합니다. 그러나 뒤에 be동사 등 '상태'를 나타내는 동사가 와서 '예전에는 ~였다'라고 '과거의 상태'를 나타낼 때는 쓸 수 없습니다.

used to ~

과거에는 ~했었다

이 표현도 '과거의 습관'이지만 would와는 달리 '예전에는 ~했었지만 지금은 다르다'는 기본 이미지가 있습니다. '과거의 어느 시기에는 했었지만 지금은 하지 않는' 경우에 쓰입니다. 또 I used to be lazy '(지금은 그렇지 않지만) 옛날에는 게을렀다'와 같이 '과거의 상태(~였다)'를 나타낼 때도 사용합니다.

used to
를 사용한 표현

I used to.
예전에는요.

'과거에는 ~했었지만 지금은 다르다'는 뜻의 used to를 사용한 I used to로 '지금은 다르지만'이라는 뜻을 나타낼 수 있습니다.

예를 들어 Do you smoke? '당신은 담배를 피웁니까?'라는 질문에 I used to라고 대답하면 '예전에는요' ➡ '예전에는 피웠지만 지금은 피우지 않습니다'라는 뜻이 됩니다.

I'm older than I used to be.
예전에 비해 나이를 먹었다.

'과거와 현재의 차이'가 화제의 중심이 되는 경우에는 would보다 used to를 쓰는 편이 자연스럽습니다. than I used to be는 '과거에 그랬던 것보다'라는 뜻입니다.

또 I'm not as energetic as I used to be '예전만큼은 활기가 없습니다'와 같이 not as ~ as I used to be … '과거에 …였던 만큼은 ~가 아니다'의 형태도 자주 씁니다.

would / used to
구분하기

would often ~
used to often ~
자주 ~하곤 했었다

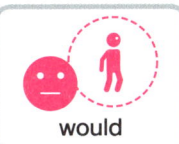

would는 '일정 기간 동안의 경험'에 한정하지 않고 전반적인 과거를 가리킵니다. '언제'인지를 한정하는 표현은 쓸 수 없지만, often 등 '빈도' 표현과 함께 올 때가 많습니다. used to often을 쓸 때는 He used to often hang out with her when he was young '어릴 적에 그는 그녀와 같이 놀곤 했다'처럼 기간을 한정하는 표현(when he was young)을 함께 쓰는 것이 일반적입니다.

I'm not what I used to be.

'지금의 나는 과거의 나와 다르다.'

what I used to be는 '내가 과거에 존재한 모습' ➡ '과거의 나'라는 뜻입니다. '지금의 나는 과거의 내가 아니다 / 과거의 나와 다르다'를 의미하는 단골 표현입니다. 현재와 과거의 '차이'에 대해 말하고 있기 때문에 '지금은 다르다'라는 기본 이미지를 갖는 used to가 쓰였습니다.

동사로 찾는 색인

allow
allow ~　~를 허락하다 181
not allowed　허용되지 않다 182

answer
answer ~　(질문이나 요구에) 응하다 153

be able to
be not able to say no
　'아니'라는 말을 할 수 없다 195
I was able to ~　~할 수 있었다 197
will be able to ~
　~할 수 있게 될 것이다 196

be going to
Are you going to ~?　~합니까? 193
I'm going to ~　~할 예정이다 191
I'm going to be back　다시 돌아오겠습니다 ... 192

become
become famous　시간이 흘러 유명해지다 ... 61
become smart　머리가 좋아지다 63
~ become you　~는 너에게 어울려 62

borrow
borrow ~　(무료로) ~를 빌리다 127
borrow DVDs　DVD를 빌리다 128

bring
bring ~　~를 가져오다 33
bring home the bacon　생활비를 벌다 ... 35
bring some wine　와인을 조금 가져가다 ... 34

can
Can I ~?　~해도 되겠습니까? 201
can't say no　아무래도 '아니'라고는 못 하겠다 ... 195
I could ~　~하고자 하면 할 수 있다 ... 197
You can ~　~해도 괜찮아 199
You can do it!　너라면 할 수 있어! ... 196
You can't ~　~하는 것은 금지되어 있습니다 ... 200

care
I couldn't care less　아무래도 상관없어 ... 170
I don't care　아무래도 좋아 169
I don't care if ~　~는 아무래도 좋다 ... 171

catch
catch a taxi　택시를 잡다 42
catch a train　기차를 타다 43
catch the newspaper
　(날고 있는) 신문을 붙잡다 41

choose
choose between the two
　2개 중 1개를 고르다 146

just choose one　적당히 1개를 고르다 ... 145

close
be closed to ~　~는 출입금지이다 ... 158
close ~　~를 조용히, 완전히 닫다 ... 157
close the door　문을 닫다 159

collect
collect information　정보를 모으다 ... 167
collect on delivery　착불 배송 166
collect photos　사진을 수집하다 165

come
come home　집에 돌아오다 30
I'm coming　지금 (그쪽으로) 갑니다 ... 29

cry
cry　(울며) 외치다 173
cry for ~　~를 강하게 원하다 174
You're crying　너 울고 있어 175

discover
discover ~　~를 발견하다 177
discover one's talent　자신의 재능을 발견하다 ... 178

doubt
doubt ~ be sick　~가 아프지 않다고 생각하다 ... 185
I doubt it　아니라고 생각해 187
no doubt about ~　~가 틀림없다 ... 186

draw
draw a map　(선으로 된) 지도를 그리다 ... 141
draw an illustration　일러스트를 그리다 ... 142
draw the line　선을 긋다 143

eat
eat like a horse　많이 먹다 38
Let's eat lunch!　점심밥 먹자! 37
What did you eat?　무엇을 먹었습니까? ... 39

end
end ~　~를 일단락 짓다 115
end line　엔드라인 117
end up ~　결국 ~가 되다 116

feel
How do you feel?　어떻게 생각합니까? ... 95
What do you feel?　무엇을 느낍니까? ... 96

find
find ~　~를 찾아내다 177
Page Not Found
　요청하신 페이지를 찾을 수 없습니다 ... 178

finish
be finished　끝장이 나다 116
finish ~　~를 완성하다 115

finish line 마라톤 등의 결승선 ······ 117
forgive
forgive ~ (죄)를 용서하다 ············ 181
forgive and forget 없었던 일로 하다 ····· 182
gather
gather information 정보를 모으다 ······ 167
gather photos 사진을 긁어모으다 ····· 165
gather strength 힘을 기르다 ·········· 166
get
get a taxi 택시를 잡다 ················ 42
get famous 눈 깜짝할 새에 유명해지다 ··· 61
get my hair cut 머리칼을 잘린 상태로 만들다 ·· 135
get one's car washed 세차를 하다 ······ 136
get smart 건방진 소리를 하다 ············ 63
get the newspaper 신문을 받다 ········ 41
getting ~ 점점 ~가 되어 가다 ·········· 62
get up 기상하다 ······················ 119
get up on the wrong side of the bed
  아침부터 기분이 안 좋다 ············ 120
go
be gone 사라지다 ······················ 31
go home 집에 돌아가다 ················ 30
I'm going 다녀오겠습니다 ·············· 29
have
Do I have to ~? ~해야만 합니까? ···· 213
had better not ~
  ~하지 않는 것이 좋다, 그러지 않으면… · 216
have ~ 동사 원형 ~에게 …를 시키다 ···· 131
have a bit 한입 먹다 ·················· 38
have an umbrella 우산을 가지다(소유하다) ··· 49
have CDs CD를 가지고 있다 ············ 50
have my hair cut 헤어컷 받다 ·········· 135
have one's car washed 세차를 받다 ····· 136
have ~ stolen ~를 도난당하다 ·········· 137
have to ~ 싫지만 ~해야 한다 ·········· 211
I had better ~ 나는 ~하는 것이 좋다 ···· 217
I had him paint the fence
  그에게 울타리를 칠하게 했다 ········ 133
Let's have lunch! 같이 점심 식사하자! ····· 37
Shall I have my son ~? 아들한테 ~시킬까요? · 132
You didn't have to do that
  일부러 해 줘서 고마워 ·············· 212
You had better ~
  ~하는 것이 좋다, 안 그러면… ······· 215
What did you have? 무엇을 먹었습니까? · 39

hear
hear ~ ~가 귀에 들어오다 ············ 91
hearing test 청력검사 ················ 93
hear of ~ ~의 소문을 듣다 ············ 92
help
help ~ ~를 돕다 ···················· 149
help ~ … ~가 …하는 것을 돕다 ······ 150
help the environment 환경을 돕다 ····· 151
hold
hold an umbrella 우산을 손에 들다 ······ 49
hold CDs CD를 들고 있다 ·············· 50
hold one's breath 숨을 참다 ············ 51
keep
keep ~ clean ~를 깨끗한 상태로 유지하다 ··· 66
keep ~ open ~를 (일부러) 열어 두다 ···· 65
keep the water running
  물을 틀어 놓은 채로 두다 ············ 67
know
I don't know ~ ~를 알지 못하다 ······ 99
I know 나도 압니다 ···················· 100
know the ropes 방법을 알고 있다 ······ 101
laugh
laugh (소리 내서) 웃다 ················ 123
laugh about ~ ~를 웃어넘기다 ········ 124
laugh without smiling
  웃고 있지만 얼굴은 웃지 않는다 ······ 125
lay
lay ~ ~를 눕혀 놓다 ·················· 57
lay oneself open to criticism
  스스로를 비판에 노출시키다 ·········· 58
learn
learn English 영어를 익히다 ·········· 103
learn ~ the hard way 힘든 경험을 통해 ~를
  알다 / 힘든 방법으로 ~를 익히다 ······ 104
leave
leave ~ alone ~를 혼자 내버려 두다 ···· 66
leave ~ open ~를 열어 놓은 상태로 두다 ····· 65
leave the water running
  물을 틀어 놓은 채로 두다 ············ 67
listen to
listening test 듣기 시험 ·············· 93
listen to ~ ~에 귀를 기울이다 ········ 91
listen to one's haert 진심을 확인하다 ···· 92
look at
look at ~ ~를 (의식적으로) 보다 ········ 75

223

look at the bright side 긍정적으로 생각하다 ·· 76

make
be made to ~ ~시킴을 당하다 ············ 132
I made him paint the fence
　그에게 울타리를 칠하게 했다 ············ 133
make ~ **동사 원형** ~에게 …를 억지로 시키다 · 131

may
May I ~? ~해도 되겠습니까? ············ 201
You may ~ ~해도 됩니다 ················ 199
You may go now 나가셔도 됩니다 ······ 200

meet
be meeting someone 누군가를 만나다 ··· 81
meet ~ halfway ~와 서로 양보하다 ······ 80
meet someone 아는 사이가 되다 ········ 79

mind
Do you mind? 괜찮겠습니까? ············ 170
I don't mind 상관없어 ···················· 169
I don't mind if ~ ~해도 상관없다 ······ 171

must
must be ~ ~임에 틀림없다 ················ 203
must be ~ ing ~하고 있음에 틀림없다 ·· 204
must have ~ ~했음에 틀림없다 ·········· 205

need to
Do I need to ~? ~할 필요가 있습니까? ··· 213
don't need to ~ ~할 필요는 없다 ········ 209
need ~ to ~가 …해주기를 바라다 ······ 208
need to ~ ~할 필요가 있다 ········ 207, 211
Something needs to be done
　누군가가 해야 한다 ···················· 212

paint
paint a map (채색이 된) 그림을 그리다 ··· 141
paint an illustration 일러스트를 그리다 · 142

put
put ~ ~를 놓다 ···························· 57
put ~ down ~을 아래에 놓다 ············ 59
put on a blue shirt
　파란 셔츠를 몸에 걸치다 ················ 111
put oneself in someone's shoes
　누군가의 입장이 되어 생각하다 ········ 58
put on makeup 화장하다 ················ 112
You should put on your coat
　코트를 입는 것이 좋아 ·················· 113

rent
be rented out 대출 중이다 ·············· 129
rent ~ (돈을 내고) ~를 빌리다 ············ 127

rent DVDs DVD를 빌리다 ················ 128

reply
reply 대답을 하다 ························ 153
reply in ~ ~의 형태로 대답하다 ········ 154

ride
ride a bike 자전거를 타다 ················ 54
ride a taxi 택시 위에 올라타다 ·········· 53
ride in ~ ~를 타다 ························ 55

save
save ~ ~를 구하다 ························ 149
save ~ from … ~를 …로부터 구해내다 ·· 150
save the environment 환경을 구하다 ··· 151

say
Don't say that 그렇게 말하지 마 ········ 85
say 말하다 ································ 83
say hello to ~ ~에게 안부를 전하다 ···· 84

see
be seeing someone 누군가와 사귀다 ··· 81
see ~ ~가 (자연스럽게) 보이다 ·········· 75
see a lawyer 변호사에게 상담하다 ······ 80
see a movie (영화관 등에서) 영화를 보다 ··· 71
see someone 사람을 만나다 ············ 79
see the sights 명소를 구경하다 ········ 72
see the sunrise 일출을 보다 ············ 73
see things 환영을 보다 ·················· 76

select
selected stores (선택된) 일부 매장 ···· 146
select the best one 가장 좋은 것을 고르다 · 145

send
be sent on ~ ~에 파견되다 ·············· 46
send ~ home ~를 집에 보내다 ·········· 47
send you to ~ 당신을 ~에 (강제로) 보내다 · 45

should
I should ~ 나는 ~하는 것이 좋다 ········ 217
Maybe you should ~
　~하는 것이 좋을지도 몰라 ············ 208
should ~ ~할 필요는 있지만 ············ 207
should be ~ ~일 것이다 ·················· 203
should be ~ ing ~하고 있을 것이다 ···· 204
should have ~
　~했어야 했는데 (하지 않았다) ·········· 216
shouldn't ~ ~해서는 안 된다 ············ 209
You should ~ ~하는 것이 좋 ············ 215

shout
shout 큰 소리로 외치다 ·················· 173

shout oneself hoarse 목이 쉬도록 외치다 ···· 174
You're shouting 그렇게 크게 소리치지 마 ··· 175
shut
shut ~ ~를 빠르게 닫다 ················· 157
shut oneself up 틀어박히다 ············· 158
shut the door 문을 닫다 ················ 159
smile
smile (소리를 내지 않고) 미소 짓다 ····· 123
smile and nod 그저 웃으며 끄덕이다 ··· 124
speak
speak (입으로) 말을 하다 ················ 87
speak English 영어를 말하다 ············ 88
speak in front of everyone
　모두의 앞에서 이야기하다 ················ 89
spin
spin ~ dry ~를 탈수해서 말리다 ······· 162
spin the screw 나사를 빙글빙글 계속 돌리다 ··· 161
spin the wheel 룰렛을 돌리다 ·········· 163
study
study English 영어를 공부하다 ········· 103
study hard 열심히 공부하다 ············ 104
suspect
a suspect 용의자 ······················· 186
I suspect so 그렇게 생각해 ············· 187
suspect ~ be sick
　~가 아픈 거라고 생각하다 ·············· 185
take
take ~ ~를 가지고 가다 ················· 33
take a bike 자전거를 타다 ··············· 55
take a taxi 택시를 타다 ·················· 53
take ~ home ~를 집에 데려다주다 ····· 47
take ~ out ~를 데리고 나가다 ·········· 46
take some wine 와인을 조금 가져가다 ··· 34
take you to ~ ~까지 당신을 데려다주다 ··· 45
talk
talk (누군가와) 이야기하다 ··············· 87
talk big 득의양양하게 (자랑스럽게) 이야기하다 / 허풍을 떨다 ························ 88
talk in front of everyone
　모두의 앞에서 이야기하다 ················ 89
teach
teach ~ that …
　~에게 …를 (전문적으로) 가르치다 ····· 107
Who taught you ~?
　누가 너에게 ~를 가르쳐 주었어? ······· 109

tell
Don't tell me that 그 정도는 알고 있어 ··· 85
I can tell you ~ 말하자면 ~입니다 ····· 108
tell ~ … ~에게 …를 전하다 ············· 83
tell ~ a story ~에게 이야기를 전하다 ··· 84
tell ~ that ~에게 …라고 전하다 ······· 107
Who told you ~?
　누가 너에게 ~를 알려 주었어? ········· 109
think
How do you think? 머리를 쓰라고! ···· 95
Think before you speak
　차분하게 잘 생각한 뒤에 말하렴 ········· 97
What do you think? 어떻게 생각합니까? ·· 96
turn
turn back the clock 시곗바늘을 되돌리다 ··· 162
turn the screw 나사를 돌리다 ·········· 161
turn the wheel 핸들을 꺾다 ············ 163
understand
I don't understand ~ ~를 이해할 수 없다 ·· 99
I understand 나도 압니다 ·············· 100
used to
I'm older than I used to be
　예전에 비해 나이를 먹었다 ············· 220
I used to 지금은 다르지만 ············· 220
used to ~ 예전에는 ~하곤 했다 ········ 219
used to often ~ 자주 ~하곤 했다 ····· 221
wake up
wake up 잠에서 깨다 ·················· 119
wake-up call 모닝콜 ·················· 120
watch
watch a movie (집에서) 영화를 보다 ···· 71
watch the sunrise 일출을 보다 ········· 73
Watch your head! 머리 위를 조심해! ··· 72
wear
wear a blue shirt 파란 셔츠를 입고 있다 ··· 111
wear one's hair long 머리카락이 길다 ··· 112
You should wear your coat
　코트를 입는 것이 좋아 ················· 113
will
I'll ~ 그래, ~하자 ····················· 191
I'll be back 다시 돌아오겠습니다 ······ 192
would
would ~ ~했었다 ····················· 219
would often ~ 자주 ~하곤 했다 ······· 221

REAL 영어 하나하나 알기 쉽게 **동사**

초판 1쇄 찍은 날 2018년 2월 12일
초판 1쇄 펴낸 날 2018년 2월 19일

지은이　　데이비드 세인 (David Thayne)
옮긴이　　김인아
그린이　　다카야마 와타루

펴낸이　　백종민
주 간　　정인회
편 집　　최새미나·박보영·김지현·이혜진
외서기획　강형은
디자인　　강찬숙·임진형
마케팅　　서동진·박진용·오창희
관 리　　장희정·임수정

펴낸곳　　주식회사 꿈결
등 록　　2016년 1월 21일 (제2016-000015호)
주 소　　서울시 영등포구 당산로 50길 3 꿈을담는빌딩 6층
대표전화　1544-6533
팩 스　　02) 749-4151
홈페이지　dreamybook.co.kr
이메일　　ggumgyeol@naver.com
블로그　　blog.naver.com/ggumgyeol
트위터　　twitter.com/ggumgyeol
페이스북　facebook.com/ggumgyeol
에듀카페　cafe.naver.com/ggumgyeoledu

ISBN 979-11-88260-30-0 14740
　　　979-11-88260-29-4 (세트)

이 도서의 국립중앙도서관 출판예정도서목록(CIP)은 서지정보유통지원시스템 홈페이지(http://seoji.nl.go.kr)와 국가자료공동목록시스템(http://www.nl.go.kr/kolisnet)에서 이용하실 수 있습니다. (CIP제어번호: CIP2018001424)

이 책은 저작권법에 따라 보호받는 저작물이므로,
저작자와 출판사 양측의 허락 없이는 일부 혹은 전체를 인용하거나 옮겨 실을 수 없습니다.

책값은 뒤표지에 있습니다.
주식회사 꿈결은 (주)꿈을담는틀의 자매회사입니다.

전 세계 독자를 사로잡은 크리스 콜퍼의 판타지 소설

랜드 오브 스토리 1~5 (10권 출간)

크리스 콜퍼 지음 | 김아림 옮김 | 각 권 9,800원

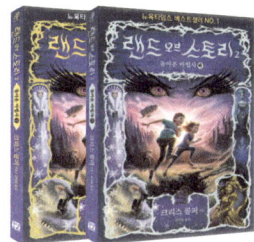

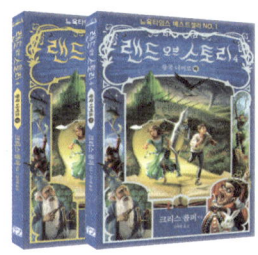

★ 뉴욕타임스 베스트셀러 No.1
★ 미국 200만 부 판매
★ 전세계 19개 언어 번역

쌍둥이 남매 코너와 알렉스, 그리고 동화 속 친구들이 왕국을 구하기 위해 떠나는 모험으로 가득한 세계

아버지를 잃고 슬픈 시기를 보내던 쌍둥이 남매 코너와 알렉스는 놀라움과 마법으로 가득한 세계로 가게 된다. 어린 시절 할머니와 읽었던 아름다운 동화 나라 이야기 속 주인공들을 직접 만나면서 신비함에 놀라움도 잠시 트롤과 고블린, 마녀와 늑대 들의 등장으로 생각보다 집에 돌아가는 여정이 순탄치 않다는 것을 깨닫는다. 가족과 얽힌 동화 나라의 비밀을 하나씩 풀어 가며 이 세계를 구하는 임무까지 주어지는데…

《랜드 오브 스토리》(완결편)이 곧 출간됩니다.

꿈결 클래식 시리즈

데미안 / 햄릿 / 젊은 베르터의 고뇌
도련님 / 변신 / 노인과 바다

★ 《햄릿》 출간 기념 Lucia(심규선) 콜라보레이션 음원 발매!
★ 노벨 문학상 수상 작가 헤르만 헤세 《데미안》
★ 노벨 문학상, 퓰리처상 수상작 《노인과 바다》

**글맛 나는 번역, 최고의 전문가가 쓴 해제
올 컬러 일러스트로 만나는 우리 시대의 고전**

꿈결은 청소년과 성인을 아우르며 전 세대에게 사랑받는 명작을 선별하여 '꿈결 클래식'을 출간하고 있습니다. 영문학, 불문학, 독문학부터 중문학, 일문학, 우리 문학까지! 누구나 아는 명작부터 놓쳐서는 안 될 작품까지! 한 권, 한 권 정성을 다해 독자들의 가슴속에 오래도록 남을 좋은 책을 만들어 가겠습니다.

꿈결 클래식 시리즈는 계속 출간됩니다.